Steve Harrison

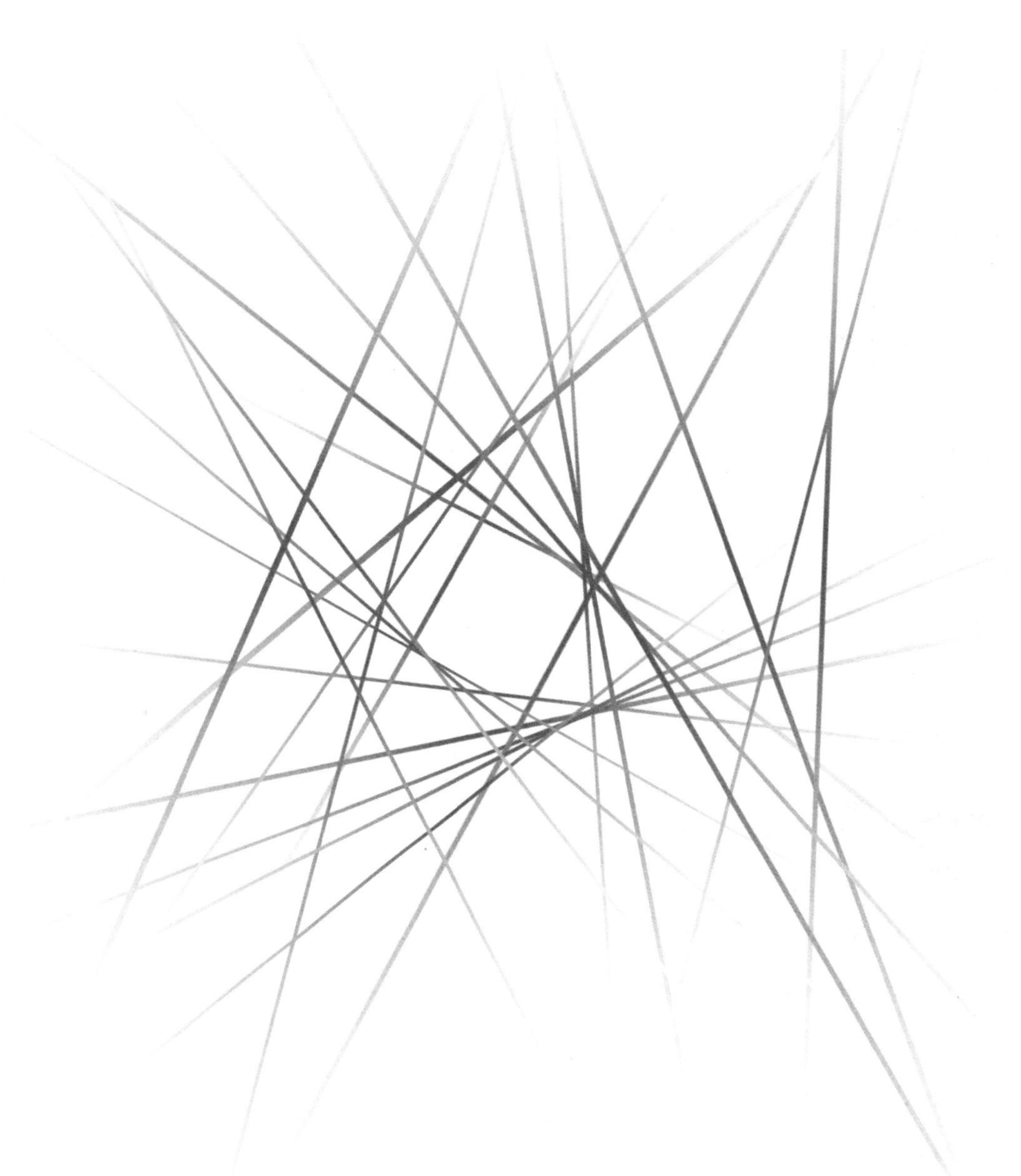

ESSENTIALS

GCSE French
Workbook

Contents

Essential French

Home Life and Personal Information

School and Work

Lifestyle

Contents

Leisure and Free Time

Widening Horizons

Essential French

Essential French

1 Write out these numbers as figures (e.g. quatre-vingt-deux = 82).

a) trente-deux ....

b) vingt-sept ....

c) cent cinq ....

d) cinquante-six ....

e) mille deux cent vingt ....

f) quarante-huit ....

g) soixante-six ....

h) soixante-seize ....

i) quatre-vingt-dix-neuf ....

j) quatre-vingt-six ....

2 Draw lines between the boxes to match the times on the left with the equivalent time on the right in the 24-hour clock.

Six heures du soir	Vingt-trois heures
Sept heures du soir	Vingt et une heures dix
Cinq heures et quart du soir	Dix-neuf heures
Onze heures et demie du matin	Dix-huit heures
Quatre heures moins le quart	Dix-neuf heures quarante
Huit heures moins vingt	Quinze heures quarante-cinq
Neuf heures dix du soir	Onze heures trente
Onze heures du soir	Dix-sept heures quinze

Essential French

3 **a)** Are the following statements **true** or **false**?

i) 12/01 = le treize janvier ....

ii) 23/02 = le vingt-trois mars ....

iii) 13/03 = le treize mars ....

iv) 20/04 = le vingt avril ....

v) 16/05 = le six mai ....

vi) 31/07 = le trente et un juillet ....

vii) 11/08 = le onze septembre ....

viii) 30/10 = le trente octobre ....

ix) 17/11 = le dix-huit novembre ....

x) 25/12 = le vingt-cinq décembre ....

b) Write out each of the following in French.

i) Monday 18th July ....

ii) Wednesday 30th August ....

iii) Friday 2nd April ....

iv) Thursday 10th October ....

v) Today is Sunday 24th December ....

vi) At 2 o'clock in the afternoon. ....

vii) At 9 o'clock in the morning. ....

viii) At midnight. ....

ix) It's quarter past 4. ....

x) It's half past 7. ....

Essential French

Essential French

1 Draw lines between the boxes to match each question to its correct answer.

Qui a mangé la tarte?	Les informations.
Combien de sœurs as-tu?	C'est le quatre mai aujourd'hui.
Quelle est la date aujourd'hui?	32, rue de la paix.
Où habites-tu?	Je vais très bien, merci.
Comment allez-vous?	C'est mon frère.
C'est quand, ton anniversaire?	Il est vert.
Combien de temps dure le film?	Il fait froid.
Pourquoi mets-tu un pullover?	Je suis né le cinq avril.
Il est de quelle couleur?	J'en ai deux.
Qu'est-ce que tu regardes?	Une heure vingt minutes.

2 For each of the sentences below, choose the correct abbreviation from the options given.

TVA **TGV** **SIDA** **CES** **VTT**
SAMU **EPS** **HLM**

a) Somewhere to live ....

b) An illness ....

c) A school subject ....

d) A high-speed train ....

e) An educational establishment ....

f) No-one likes to pay this ....

g) You can ride one ....

h) Emergency service ....

Essential French

3 a) What would you say to welcome someone? Tick the correct option.

- **A** Bon voyage!
- **B** Bienvenue!
- **C** Au revoir!

b) What would you say to apologise? Tick the correct option.

- **A** Je ne sais pas.
- **B** C'est gentil.
- **C** Je suis désolé.

c) What would you say if you needed help? Tick the correct option.

- **A** Au secours!
- **B** Au feu!
- **C** Au voleur!

d) What would you say if you wanted someone to repeat something? Tick the correct option.

- **A** Vraiment?
- **B** Pourquoi?
- **C** Comment?

e) What would you say if you wanted to accept an invitation? Tick the correct option.

- **A** Non, merci.
- **B** Je veux bien.
- **C** Ce n'est pas vrai.

f) What would you say if someone gave you a gift? Tick the correct option.

- **A** Zut!
- **B** Un instant!
- **C** C'est gentil.

g) What would you say if you accidentally walked into someone? Tick the correct option.

- **A** Comment?
- **B** Excusez-moi.
- **C** Bienvenue.

Home Life and Personal Information

Personal Information and Family

1 Study the family tree, then say whether each of the following sentences is **true** or **false**.

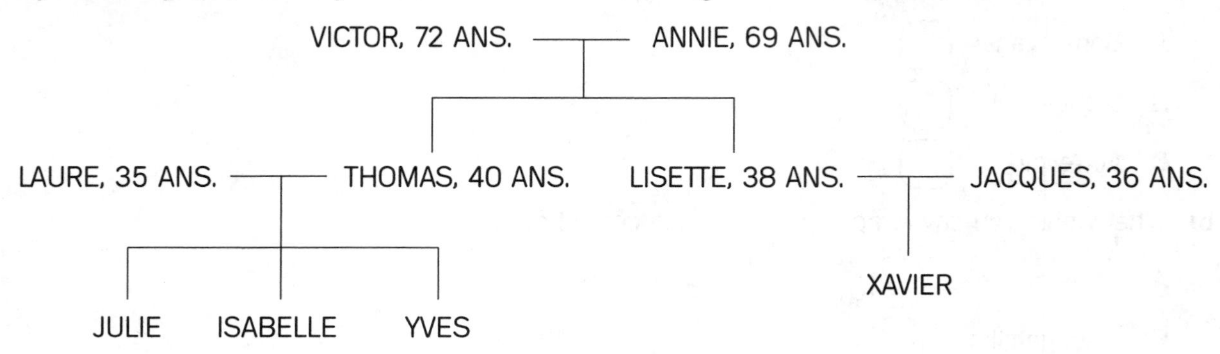

a) La mère de Xavier s'appelle Lisette. ....

b) Laure est la tante de Xavier. ....

c) Victor est l'oncle de Xavier. ....

d) Annie est la grand-mère de Julie. ....

e) Yves est le neveu de Lisette. ....

f) Jacques est le mari de Laure. ....

g) Laure est la belle-sœur de Lisette. ....

h) Xavier a un cousin et deux cousines. ....

2 Read the accounts below and then answer the questions that follow.

Vincent: Je suis fils unique, mais j'ai beaucoup de cousins et de cousines. A la maison, j'ai deux chiens noirs. Mon anniversaire est le quinze juillet et donc, dans deux mois, je vais avoir seize ans.

Nadine: J'ai une petite sœur. Elle est sympa et elle aime beaucoup les animaux. A la maison, j'ai deux lapins et un cochon d'Inde. Mes parents sont gentils et je m'entends bien avec eux. Mon anniversaire est le cinq juin.

a) Who has a guinea pig? ....

b) Who has no brothers or sisters? ....

c) Who has a birthday in July? ....

d) Who has a younger sister? ....

Home Life and Personal Information

Personal Information and Family

3 Read the account below and then answer the questions that follow.

Je m'appelle Laura. J'ai quinze ans. Je vais vous parler de ma famille.

Je déteste mon frère parce qu'il est égoïste. Il fait ce qu'il veut et il n'aide pas mes parents à la maison. Je ne peux pas supporter la petite amie de mon frère parce qu'elle est insolente et ennuyeuse. Elle est jolie avec les cheveux longs et blonds mais elle ne me parle pas.

Je m'entends bien avec mes parents parce qu'ils sont généreux. Je bavarde souvent avec eux et je me confie à ma mère. Elle m'écoute toujours. Mon père est un peu strict mais il est toujours là pour moi.

a) Why do you think Laura doesn't get on with her brother? Give two details.

i) ....

ii) ....

b) What do we find out about Laura's brother's girlfriend? Give three details.

i) ....

ii) ....

iii) ....

c) How does Laura get on with her parents?

....

d) Give three reasons that explain how Laura gets on with her parents.

i) ....

ii) ....

iii) ....

Home Life and Personal Information

Describing Family and Friends

1 Match descriptions **A, B, C, D** and **E** below with the correct image **1–5**.

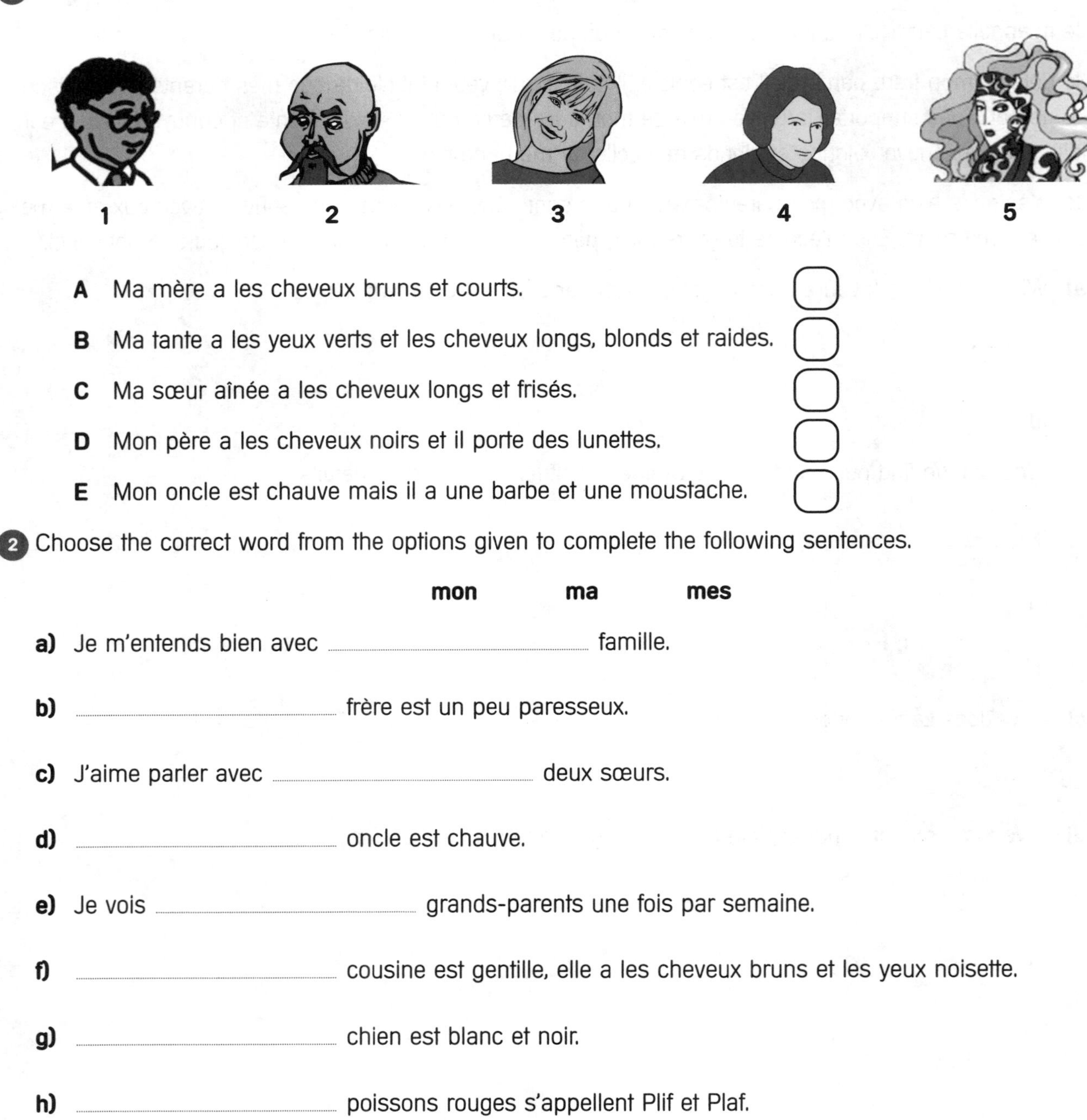

A Ma mère a les cheveux bruns et courts. ☐

B Ma tante a les yeux verts et les cheveux longs, blonds et raides. ☐

C Ma sœur aînée a les cheveux longs et frisés. ☐

D Mon père a les cheveux noirs et il porte des lunettes. ☐

E Mon oncle est chauve mais il a une barbe et une moustache. ☐

2 Choose the correct word from the options given to complete the following sentences.

mon **ma** **mes**

a) Je m'entends bien avec .... famille.

b) .... frère est un peu paresseux.

c) J'aime parler avec .... deux sœurs.

d) .... oncle est chauve.

e) Je vois .... grands-parents une fois par semaine.

f) .... cousine est gentille, elle a les cheveux bruns et les yeux noisette.

g) .... chien est blanc et noir.

h) .... poissons rouges s'appellent Plif et Plaf.

i) .... grand-mère est très généreuse.

j) .... grand-père est très amusant.

☐

Describing Family and Friends

3 Read the account below and then answer the questions that follow.

Ma Famille

Je m'appelle Daniel. J'habite avec mes grands-parents parce qu'ils ont une maison qui n'est pas trop loin de mon école. Mes parents habitent une ferme et il n'y a pas de bus pour aller au lycée.

Mon père a une sœur qui s'appelle Marie. Ma tante Marie est dynamique et sympa. Je ne la vois pas souvent parce qu'elle travaille en Angleterre. Son mari, Yannick, mon oncle, est médecin et il travaille dans un hôpital à Londres. Ils ont deux enfants, Karine et Luc. Karine a le même âge que moi mais Luc est plus jeune. Karine est jolie. Elle a les cheveux longs et les yeux bleus. Luc est petit et il porte des lunettes.

A l'avenir, je voudrais habiter en Angleterre parce que l'anglais est ma matière préférée. Malheureusement, le climat anglais n'est pas très bon et la cuisine est mauvaise.

a) Why does Daniel live with his grandparents?

....

b) What does he tell us about his aunt?

....

c) What do we know about his uncle?

....

d) How does he describe Karine?

....

e) What does Luc look like?

....

f) **i)** What would Daniel like to do in the future, and why?

....

ii) What are the drawbacks of this, according to Daniel?

....

Home Life and Personal Information

Character and Personality

1. Match descriptions **A, B, C** and **D** with the correct image **1–4**.

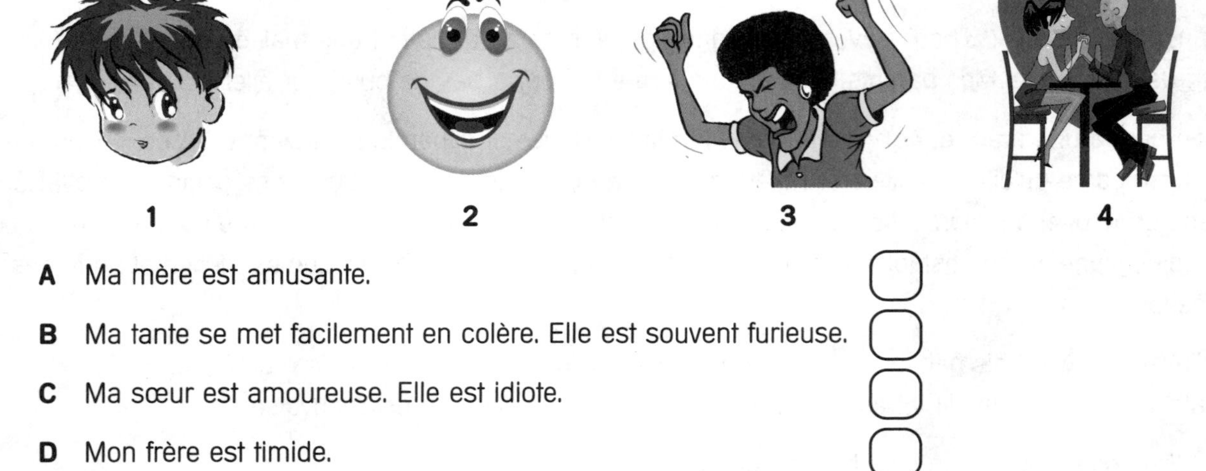

1 **2** **3** **4**

A Ma mère est amusante. ☐

B Ma tante se met facilement en colère. Elle est souvent furieuse. ☐

C Ma sœur est amoureuse. Elle est idiote. ☐

D Mon frère est timide. ☐

2. Read the accounts below and then answer the questions that follow.

Marine: Je suis toujours de bonne humeur. Je suis heureuse et je ne suis jamais trop sérieuse. J'aime sortir avec mes amies et je suis extravertie. J'aime m'amuser, quoi. En revanche, je ne suis pas travailleuse et mes parents se plaignent que je ne fais pas assez d'efforts au lycée.

Pierre: Je suis très réservé et je n'aime pas sortir parce que je n'ai pas beaucoup d'amis. J'aime faire de la lecture et je joue aux jeux-vidéo. Je suis travailleur et j'ai de bonnes notes. Je fais toujours mes devoirs et je suis bien organisé.

Arnaud: Je suis sportif et je vais au centre de loisirs deux fois par semaine. A la maison, je suis un peu paresseux et ma chambre n'est pas propre. Je suis une personne honnête mais je dois avouer que je suis un peu égoïste.

a) Who is rather shy? ....

b) Who is very outgoing? ....

c) Who admits to being a bit selfish? ....

d) Who likes to have a good laugh? ....

e) Who does well at school? ....

f) Who prefers to stay in? ....

g) Who dislikes housework? ....

h) Who is usually in a good mood? ....

Character and Personality

3 This is a writing task.

Write a description of yourself and one member of your family. Include the following information:

- What you look like.
- What sort of personality you have.
- What a particular member of your family looks like.
- What sort of personality he / she has.

Home Life and Personal Information

Relationships

1. Draw lines between the boxes to complete the sentences.

Je m'entends avec mon frère...	...parce qu'elle m'énerve.
Je ne m'entends pas avec ma sœur...	...parce qu'ils sont pénibles.
Je ne m'entends pas avec mes parents...	...parce qu'elles sont sympa.
Je m'entends très bien avec mes cousines...	...parce qu'il est gentil.
Je m'entends bien avec mes amis...	...parce qu'elle est généreuse.
J'adore ma grand-mère...	...parce qu'ils sont amusants.

2. This is a speaking task. Answer the following questions about yourself and your family. Say your answer out loud.

a) De quelle couleur sont tes yeux?

b) De quelle couleur sont tes cheveux?

c) Qu'est-ce que tu aimes faire pendant ton temps libre?

d) Comment est ta personnalité?

e) Tu as des frères et sœurs?

f) Fais une description de ton frère / ta sœur / ton meilleur ami / ta meilleure amie.

g) **i)** Tu t'entends bien avec ta famille?

ii) Pourquoi / pourquoi pas?

Relationships

3 Read the account below and then answer the questions that follow.

Je m'appelle Delphine. J'ai quinze ans. Je vais vous parler de ma famille.

Mes parents sont divorcés et je ne vois pas souvent mon père parce qu'il habite assez loin de chez moi. Je ne m'entends pas bien avec ma mère en ce moment. Ma mère est trop stricte. On se dispute souvent. Elle n'aime pas mes vêtements, elle critique mes amies et elle dit que je ne travaille pas assez. J'en ai marre. Je ne peux pas supporter mon frère parce qu'il est insolent. J'ai l'impression que ma mère préfère mon frère. Mon père vient de se remarier et je m'entends bien avec ma belle-mère. Elle m'écoute toujours.

a) Why doesn't Delphine see her father very often? Give two details.

i) ....

ii) ....

b) Why doesn't she get on well with her mother? Give three details.

i) ....

ii) ....

iii) ....

c) **i)** How does Delphine get on with her brother?

....

ii) Why do you think this?

....

d) What does Delphine say about her step-mother? Give two details.

i) ....

ii) ....

Home Life and Personal Information

Future Plans

1. Match descriptions **A, B, C, D, E, F** and **G** with the correct image **1–7**.

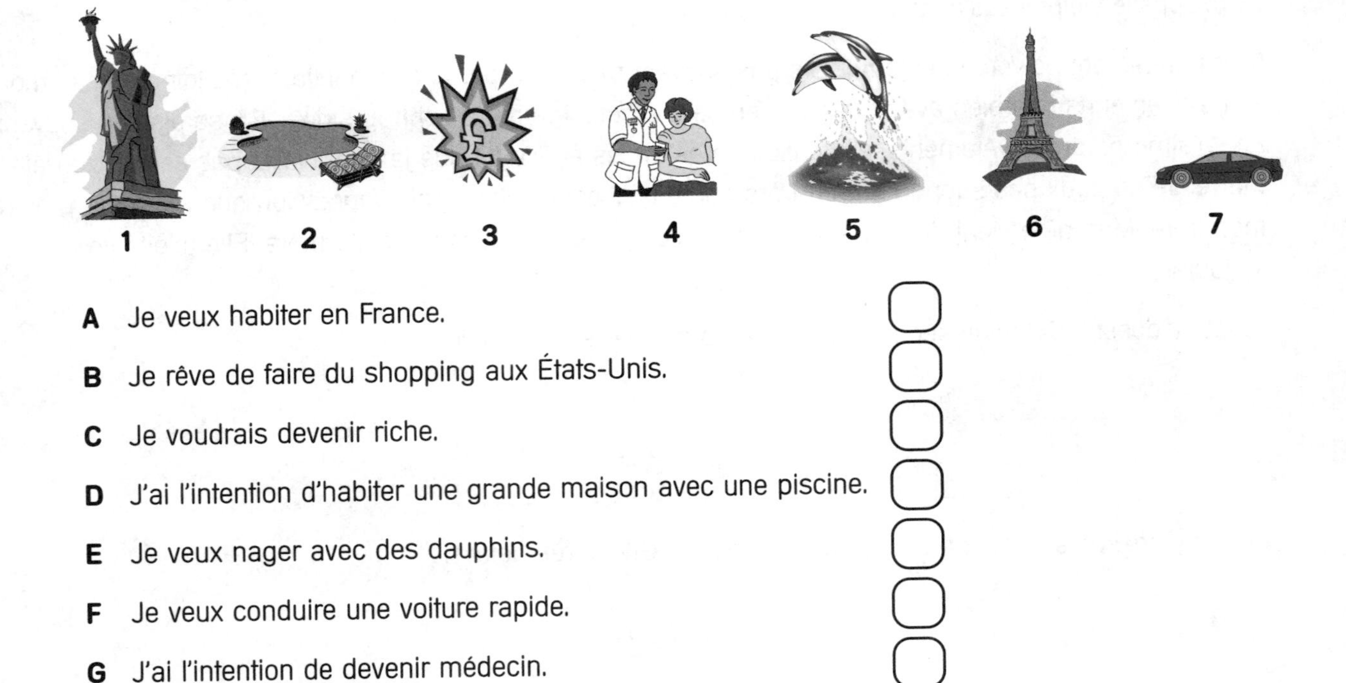

A Je veux habiter en France.

B Je rêve de faire du shopping aux États-Unis.

C Je voudrais devenir riche.

D J'ai l'intention d'habiter une grande maison avec une piscine.

E Je veux nager avec des dauphins.

F Je veux conduire une voiture rapide.

G J'ai l'intention de devenir médecin.

2. Read the accounts below and then answer the questions that follow.

Florence: Je vais rester célibataire parce que je ne veux pas me marier. Je n'aime pas les enfants. Je les trouve insupportables et bruyants. J'ai l'intention de faire le tour du monde parce que je veux visiter des pays étrangers pour voir des cultures différentes.

Olivier: J'ai l'intention de me marier à l'âge de vingt-cinq ans. Ma partenaire idéale a les cheveux blonds et les yeux bleus. Elle est intelligente et elle a un bon sens de l'humour. J'aime les gens qui me font rire. Elle est sportive comme moi.

Halima: Je vais me marier mais d'abord je veux aller à l'université pour étudier le français car je veux devenir journaliste. J'habiterai dans un appartement parisien avec une belle vue sur la Seine. Je veux gagner beaucoup d'argent.

a) Who wants to earn a lot of money? ....

b) Who wants to find a partner who has a good sense of humour? ....

c) Who wants to travel? ....

d) Who dislikes children? ....

e) Who wants to be a student? ....

Future Plans

3 Read the information collected in this survey and then answer the questions that follow.

Sondage

On a interrogé un groupe de jeunes sur leurs ambitions pour l'avenir. En voici les résultats.

36% veulent devenir célèbres.
56% veulent trouver un bon emploi.
23% veulent travailler à l'étranger.
66% veulent se marier.
87% veulent avoir des enfants.
45% s'inquiètent du chômage.
56% s'inquiètent de l'argent.
88% disent que le bonheur est important.
12% habiteront à la campagne.
16% habiteront au centre-ville.
40% veulent avoir une famille nombreuse.
80% veulent devenir riche.

a) 36% of young people want to be... ....

b) 23% want to work... ....

c) 66% want to... ....

d) 87% would like to have... ....

e) 45% are worried about... ....

f) 56% are worried about... ....

g) 12% will live... ....

h) 16% will live... ....

i) 80% would like to be... ....

j) 40% would like... ....

Home Life and Personal Information

Helping in Society

AQA • OCR

1. Match descriptions **A, B, C, D, E** and **F** with the correct image **1–6** to say what these people do to raise money for charity.

1 **2** **3** **4** **5** **6**

- **A** Je promène le chien tous les jours. ☐
- **B** Je fais des courses pour des personnes âgées. ☐
- **C** Avec mes amis, je fais des cartes de voeux. ☐
- **D** Je fais des gâteaux et je les vends à mes copines. ☐
- **E** Je lave la voiture de ma mère. ☐
- **F** Je collecte des vêtements qu'on peut vendre dans le magasin de notre association. ☐

2. Read the account below and then say whether the statements that follow are **true, false** or **not mentioned.**

Samia nous écrit:

Le samedi, je travaille dans un refuge pour chiens abandonnés ou négligés. C'est une expérience enrichissante sur tous les plans. Je promène les chiens et je leur donne à manger. Je me sens utile et je me suis fait beaucoup de nouvelles copines. Mes collègues dans le refuge sont très sympa. A l'avenir, j'ai envie de devenir toiletteuse pour chiens.

a) Samia works full time in the refuge. ....

b) The refuge takes in neglected dogs. ....

c) Samia finds the work unrewarding. ....

d) Most of the dogs are young. ....

e) She walks and feeds the dogs. ....

f) She has made new friends through her work. ....

g) She doesn't get on well with her colleagues. ....

h) She wants to work with animals when she's older. ....

Helping in Society

AQA • OCR

3 Read the account below and then answer the questions that follow.

Dans notre étude réalisée pour Radio-France auprès des 15–17 ans sur les choses qui comptent le plus pour eux dans la vie d'aujourd'hui, les 15–17 ans répondent dans l'ordre: la famille (52%), trouver un métier intéressant (38%) et les amis (37%).

C'est avec beaucoup plus d'intensité que les filles citent comme priorité la famille (59% contre 44% chez les garçons), tandis que les garçons accordent plus d'importance au sport (31% contre 7% pour les filles) et à la musique (22% contre 11% chez les filles).

Après les amis, dans la hiérarchie des loisirs, viennent le sport (38%, 50% chez les garçons et 26% chez les filles), la musique (37%), la fête (33%). A noter, que 'faire des courses, acheter des vêtements', est considéré comme un loisir à part entière, notamment pour les filles (41%).

La générosité de cette génération (notamment à partir de 16 ans) est évidente, 70% se disent prêts à créer une association pour combattre la pauvreté. La plupart trouvent scandaleux le nombre de sans-abris dans les grandes villes françaises.

a) How many people want to find an interesting job? .... %

b) How many boys think that family is a priority? .... %

c) How many girls think sport is important? .... %

d) How many are prepared to fight poverty? .... %

e) Who took part in this survey?

....

f) What is said about shopping for clothes?

....

g) What do most young people find scandalous?

....

Home Life and Personal Information

House and Home

1 These people are talking about what they do to help in the house. Draw lines between the boxes to match each French statement with its English meaning.

J'adore faire la cuisine.	Vacuuming
Je n'aime pas faire le jardinage.	Washing-up
Je mets la table tous les jours.	Taking the bin out
Je déteste passer l'aspirateur.	Setting the table
Je dois sortir la poubelle. C'est nul.	Gardening
J'aime faire la vaisselle.	Cooking

2 **a)** Which of these words is a preposition? Tick the correct option.

A dans ☐ **B** maison ☐ **C** cuisine ☐

b) Which of these words is **not** a preposition? Tick the correct option.

A avec ☐ **B** devant ☐ **C** table ☐

c) Which of these words is masculine? Tick the correct option.

A salle à manger ☐ **B** cuisine ☐ **C** salon ☐

d) Which of these words is feminine? Tick the correct option.

A jardin ☐ **B** cave ☐ **C** grenier ☐

e) Which preposition fits into the following sentence? Tick the correct option.

Le chat est… la machine laver.

A dans ☐ **B** entre ☐ **C** devant ☐

House and Home

3 Read the accounts below and then answer the questions that follow.

Annie: Je ne prends jamais de petit déjeuner. Je mange à la cantine scolaire à midi. Je prends souvent une salade et un yaourt. Le soir, je dîne vers sept heures et demie avec mes parents. Je ne mange jamais de viande ni de poisson.

Morgane: Je prends des céréales au petit déjeuner et je bois généralement du chocolat chaud. A midi, je rentre à la maison et je prends le déjeuner avec maman et ma petite sœur. Le soir, pour le dîner, je mange de la viande ou du poisson avec des légumes.

Philippe: Pour le petit déjeuner, je prends généralement du pain grillé avec de la confiture et un jus d'orange. Je prends le petit déjeuner dans la cuisine à sept heures. A l'heure du déjeuner, j'aime manger à la cantine du collège. Je préfère le steak-frites. Le soir, je ne mange pas beaucoup. On dîne vers huit heures.

a) Who does **not** have breakfast? ....

b) Who has fruit juice at breakfast time? ....

c) Who drinks hot chocolate? ....

d) Who could be a vegetarian? ....

e) Who goes home for lunch? ....

f) Who eats at 8pm? ....

g) Who eats breakfast at 7am? ....

h) What does Annie often have for lunch? ....

i) Who does Morgane eat lunch with? ....

j) What does Philippe like to eat for lunch? ....

Home Life and Personal Information

House and Home

AQA • OCR

1 These people are talking about their daily routine. Draw lines between the boxes to match each French statement with its English meaning.

Je me lève tout de suite.	I brush my hair.
Je me lave dans la salle de bains.	I brush my teeth.
Je me brosse les cheveux.	I get up straightaway.
Je m'habille dans ma chambre.	I go to bed at 11.30pm.
Je prends le petit déjeuner à sept heures et demie.	I get dressed in my bedroom.
Je me brosse les dents.	I wash in the bathroom.
Je me couche à onze heures et demie.	I have breakfast at 7.30am.

2 This is a speaking task. Answer the following questions about your house and your daily routine. Say your answer out loud.

a) Où habites-tu?

b) Comment est ta maison?

c) Fais une description de ta chambre.

d) Tu te lèves à quelle heure?

e) Qu'est-ce que tu prends pour le petit déjeuner?

f) A quelle heure est-ce que tu quittes la maison?

g) Qu'est-ce que tu fais le soir?

h) A quelle heure est-ce que tu te couches?

i) Qu'est-ce que tu fais pour aider à la maison?

j) Tu aimes ta maison? Pourquoi?

House and Home

AQA • OCR

3 Match the homes **A, B, C, D, E, F** and **G** with the people's requests **1–7**.

1 Monsieur and Madame Henri are looking for a house for themselves and their family. It needs to be handy for transport.

2 Morgane wants a sea view from her balcony.

3 Philippe loves shopping and wants to live in the city.

4 Madame Legros wants to live in the country and loves gardening.

5 Stéphane Triffaut, the film director, is looking for a house in which to make his latest horror movie.

6 Sophie wants to live by the sea, but wants to be near the shops.

7 Anne and Paul want to work together from home. They don't want to be in a town centre and they love animals.

A Une grande maison qui a besoin de rénovation près du cimetière. ☐

B Une appartement de luxe qui a une vue magnifique sur la mer. ☐

C Une petite maison rurale qui a deux chambres. Le jardin est spacieux, mais un peu négligé. ☐

D Une maison de famille moderne avec quatre chambres pas loin de la gare. ☐

E Une appartement au centre-ville tout près des grands magasins. ☐

F Une ferme à la campagne. ☐

G Une belle maison jumelée, qui est près des magasins dans un village au bord de la mer. ☐

Revision Guide Reference: Pages 22–25

Home Life and Personal Information

Your Local Area

1 Match the definitions **A, B, C, D, E** and **F** with the places and buildings numbered **1–6**.

1 L'hôtel de ville
2 Une banque
3 Le centre de recyclage
4 Une zone piétonne
5 Un jardin public
6 La gare ou la gare routière

A C'est un endroit où l'on peut recycler le verre, le papier, etc. ☐

B On y trouve des trains, des autobus et des tramways. ☐

C En ville, c'est un endroit où les voitures ne sont pas permises. ☐

D Le maire travaille ici. ☐

E On peut y changer de l'argent. ☐

F C'est un endroit où il y a des arbres, des fleurs et des pelouses et il n'y a pas beaucoup de bâtiments. ☐

2 Read the account below and then answer the questions that follow.

Patricia: Caen se trouve dans le nord-ouest de la France près de Rouen. C'est une grande ville industrielle. Il y a un centre commercial, un centre sportif, une piscine, un stade, un théâtre, un cinéma un musée et une bibliothèque. On peut faire du sport, faire des promenades, faire du shopping. J'aime bien habiter à Caen parce qu'il y a beaucoup à faire et c'est très animé. En ville on peut faire du shopping, il y a toujours quelque chose à faire. Je n'aime pas la campagne. Je préfère la ville parce que la campagne est trop tranquille, il n'y a rien à faire. Il n'y a pas de transports en commun.

a) Where is Caen? ……………………

b) List three things you can do there.

i) ……………………

ii) ……………………

iii) ……………………

c) Why does Patricia like living there? ……………………

d) **i)** What does she think of the countryside? ……………………

ii) Why does she think this? ……………………

☐

Your Local Area

3 This is a writing task.

Write a description of your local area. Use the following sentences to help you:

Ma ville se trouve dans... ....

....

Il y a environ .... habitants.

Ma ville se trouve près du / de la / de l' ....

Dans ma ville, il y a beaucoup de... ....

....

Il n'y a pas de... ....

....

Pour les touristes, il y a... ....

....

Pour ceux qui aiment le sport, il y a... ....

....

Le soir, comme distractions, on peut... ....

....

J'aime habiter ici parce que... ....

....

Je n'aime pas habiter ici parce que... ....

....

Home Life and Personal Information

Getting Around

1 Match descriptions **A, B, C, D, E** and **F** about different modes of transport with the correct image **1–6**.

A Je vais au travail par le train.

B Je prends le bus pour aller au collège.

C Dans ma ville, on peut faire des promenades en bateau.

D Je vais à l'école à vélo.

E Je n'aime pas les transports en commun. Je prends toujours la voiture.

F Je viens à l'école à pied.

2 For each of the directions given below, use the map to say where you would end up.

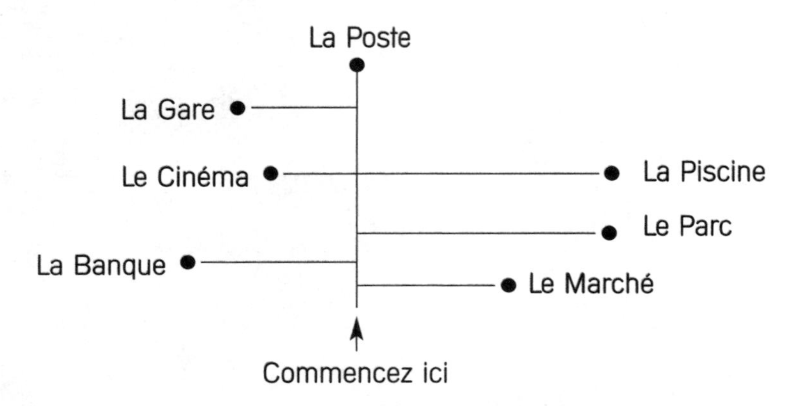

a) Continuez tout droit. ....

b) Prenez la deuxième rue à gauche. ....

c) Prenez la troisième rue à droite. ....

d) Prenez la deuxième rue à droite. ....

e) Prenez la première rue à gauche. ....

f) Prenez la première rue à droite. ....

Getting Around

3 Read the following descriptions of excursions. For each excursion, list the destination, the activities you can do there, and the transport you need to get there.

A Visite de la vieille ville. Promenade pour voir les maisons anciennes. Visite à pied.

B Excursion guide en car au jardin de Claude Monet, peintre impressionniste. Pique-nique compris.

C Visite à la poterie de Flèche. Essayez vous-même de fabriquer des assiettes et des tasses. Départ de la gare SNCF en train 14h00.

D Visite du vieux château de Lussac avec guide. Départ de la place du marché (location de vélos obligatoire).

Excursion	Destination	Activities	Transport
A			
B			
C			
D			

School and Work

School and School Subjects

1 Read these opinions about school and say whether each one is **positive** or **negative**.

a) Je trouve mes cours très ennuyeux. ....

b) Je fais beaucoup de progrès à l'école. ....

c) J'ai beaucoup de copains et de copines au collège. ....

d) Je trouve mes cours trop difficiles. ....

e) J'attends les vacances avec impatience. ....

f) Les professeurs sont très sympa. ....

g) On se fait beaucoup d'amis à l'école. ....

h) Je suis nulle en sciences. ....

i) J'ai de très bonnes notes. ....

j) On ne mange pas très bien à la cantine du collège. ....

2 Read the account below and then say whether the statements that follow are **true** or **false**.

Arnaud: Je veux aller à l'université, parce que je vais étudier les sciences. J'aime beaucoup les maths, mais je les trouve difficiles. J'aime bien le français malgré le professeur. Je veux passer le bac donc je dois travailler dur, surtout en informatique.

Yvette: Je ne peux pas supporter l'histoire car c'est très ennuyeux. Je déteste aller au collège à cause du dessin. Je suis nul en dessin.

a) Arnaud wants to go to university. ....

b) Yvette wants to study science at university. ....

c) Yvette finds history interesting. ....

d) Arnaud likes maths a lot. ....

e) Yvette is good at art. ....

f) Arnaud has to work hard at ICT. ....

g) Yvette hates school. ....

School and School Subjects

3 Read the accounts below and then answer the questions that follow.

Christian: J'aime bien mon école. J'ai beaucoup d'amis et on s'amuse bien. Mais, la bibliothèque est trop petite et on n'a pas assez d'équipements sportifs.

Frédéric: Je déteste l'ambiance dans mon collège. C'est très stressant. Pour les profs, seulement les bonnes notes et les devoirs sont importants. Je ne peux pas sortir le week-end parce qu'on a trop de travail à faire.

Salma: L'école est très importante parce qu'il faut réussir à ses examens pour avoir un bon emploi. Mais il est souvent très difficile de bien travailler en classe parce que beaucoup d'élèves n'écoutent pas le prof. Ils passent tout leur temps à parler. Il y a trop d'élèves dans les classes.

Abdul: A mon école, les professeurs ne sont pas très gentils. Ils ne s'intéressent pas aux élèves et ils ne nous écoutent pas. Je ne m'entends pas très bien avec eux, surtout le prof de maths. C'est triste.

Who says each of the following statements?

a) I find school very stressful. ....

b) I don't get on with my maths teacher. ....

c) Class sizes are too big. ....

d) I would like a larger school library. ....

e) I want a good job. ....

f) I often can't go out. ....

g) I have a good time with all my friends. ....

h) The teachers don't listen to the pupils. ....

i) School is very important. ....

j) Homework and good marks are all that matter to the teachers. ....

School and Work

School Uniform and School Rules

1 Are these school rules **true** or **false**?

a) Il faut manger en classe. ....

b) Il est interdit de fumer dans les toilettes. ....

c) On ne peut pas jouer au football à la cantine. ....

d) On doit laisser tomber des papiers. ....

e) Il n'est pas permis de faire des graffiti sur les murs. ....

f) Il faut être insolent envers les professeurs. ....

g) Il est interdit de faire les devoirs. ....

2 This is a writing task. Write six of your own school rules, using the information below to help you.

Think about things such as uniform, behaviour, leaving school at lunchtime, drinking alcohol and being late.

a) Il faut... ....

b) Il ne faut pas... ....

c) On peut... ....

d) On ne doit pas... ....

e) Il est interdit de... ....

f) Il n'est pas permis de... ....

School Uniform and School Rules

3 Read the accounts below and then fill in the table to say who is in favour of school uniform, who is against it and who is not sure. Give reasons for their opinions.

Thibault: Moi, je suis contre l'uniforme scolaire. Il faut garder et protéger la liberté de l'individu. C'est triste quand tout le monde s'habille de la même manière.

Annie: Je crois que l'uniforme scolaire est une très bonne idée parce qu'on ne remarque plus les différences entre les riches et les pauvres. Certains élèves dans ma classe arrivent tout le temps à l'école avec les nouveaux vêtements et les nouveaux baskets très chers.

Patricia: L'uniforme scolaire est très pratique parce qu'il n'est pas nécessaire de passer trop de temps à décider ce qu'on va mettre pour aller au collège. Mais de l'autre part, je n'aime pas l'idée de porter une jupe en hiver. J'aurais trop froid!

Name	For, Against or Not Sure?	Why?
Thibault		
Annie		
Patricia		

School and Work

Pressures and Problems at School

1 Choose the correct words from the options given to complete the following sentences.

long **devoirs** **disciplinés** **timide** **sévères** **cuisine**

a) Beaucoup d'élèves ne sont pas ....

b) Le trajet pour aller à l'école est trop .... – deux heures en car!

c) Les profs sont trop ....

d) On nous donne trop de ....

e) La .... de la cantine scolaire est très mauvaise.

f) Je suis .... et les autres se moquent de moi.

2 Read the accounts below and then say whether each statement that follows is **true** or **false**.

Francine: Je déteste l'ambiance dans mon collège. Beaucoup d'élèves laissent tomber des papiers. Ils s'en fichent. L'emploi du temps n'est pas bon. J'ai trois cours avec le même prof dans une seule journée. C'est injuste.

Sandrine: L'école est très importante parce qu'il faut réussir à ses examens pour avoir un bon emploi. Mais il est important aussi de faire des activités en dehors de la classe. A mon école, il y a très peu d'excursions et de sorties. C'est dommage.

Amir: A mon école, les professeurs ne sont pas très gentils. Je ne m'entends pas très bien avec eux. C'est triste. Mais ce qui est pire, les bâtiments sont comme des ruines. L'équipement est lamentable.

a) Amir doesn't like the teachers. ....

b) Sandrine thinks the timetable is not well constructed. ....

c) Sandrine thinks there aren't enough extra-curricular activities. ....

d) Amir thinks the buildings are in good condition. ....

e) Francine thinks there's too much litter. ....

f) Amir needs better resources. ....

g) Sandrine thinks exams are important. ....

h) Francine hates the atmosphere in her school. ....

Pressures and Problems at School

3 This is a writing task.

Prepare a presentation about your ideal school. Include the following information:

- The facilities your ideal school would have.
- What the teachers would be like.
- What the pupils would be like.

School and Work

Plans After Leaving School

1 Match descriptions **A, B, C, D, E, F** and **G** with the images **1–7**.

ABCDEFGHIJ
KLMNOPQRS
TUVWXYZ

1 2 3 4 5 6 7

A Je travaille comme conducteur de bus. ☐

B Je suis coiffeuse. Je travaille dans un salon. ☐

C Je distribue des lettres, je suis facteur. ☐

D Je travaille à l'hôpital, je suis médecin. ☐

E Je suis professeur. ☐

F Je répare des voitures. Je suis mécanicien. ☐

G Je travaille dans un grand magasin. Je suis vendeuse. ☐

2 **a)** What type of word is the French word **dans**? Tick the correct option.

A A preposition ☐ **B** A verb ☐ **C** A noun ☐

b) What type of word is the French word **difficile**? Tick the correct option.

A An adjective ☐ **B** A noun ☐ **C** A verb ☐

c) What type of word is the French word **travailler**? Tick the correct option.

A A noun ☐ **B** A verb ☐ **C** An adjective ☐

d) What type of word is the French term **le travail**? Tick the correct option.

A An adjective ☐ **B** A verb ☐ **C** A noun ☐

e) What type of word is the French word **nous**? Tick the correct option.

A A noun ☐ **B** A preposition ☐ **C** A pronoun ☐

Plans After Leaving School

3 Read the account below and then answer the questions that follow.

Laura Lucas est architecte depuis six ans. Elle nous parle de son métier:

J'étais forte en dessin à l'école et mon professeur m'a parlé de cette profession. Je voulais faire quelque chose de pratique. Quand on est architecte, il faut parler aux clients et j'aime rencontrer des gens.

Pour réussir dans mon travail, il faut toujours avoir des idées nouvelles. Quand il y a des problèmes, il faut trouver des solutions. Les études ont duré six ans. Je suis allée à une école nationale d'architecture. J'y ai étudié les maths et la physique. Bien sûr, on y fait du dessin et de l'informatique.

J'adore faire de la rénovation de maisons anciennes, mais j'aime aussi construire des écoles. J'ai l'intention de continuer dans ce métier car il me donne beaucoup de satisfaction.

a) Why did Laura decide to do this job? Give three reasons.

i) ....

ii) ....

iii) ....

b) Name two things she must do to be successful.

i) ....

ii) ....

c) What did she have to do to become an architect? Give three details.

i) ....

ii) ....

iii) ....

d) What does she particularly enjoy?

....

e) How does she see the future and why?

....

....

School and Work

Part-time Work and Pocket Money

1 Match the definitions **A, B, C, D, E** and **F** to the correct job **1–6**.

1 Vétérinaire **2** Infirmier **3** Facteur

4 Boulanger **5** Top model **6** Mécanicien

A Une personne qui distribue le courrier, à pied ou en véhicule, dans les maisons et les commerces. ☐

B Une personne qui présente des vêtements (manteaux, robes, maillots de bain, etc.) au cours de défilés de mode. ☐

C Une personne qui donne des soins aux malades pendant leur séjour dans un hôpital. ☐

D Une personne qui fabrique du pain et des desserts et les vend dans un magasin. ☐

E Une personne qui répare des voitures. ☐

F Une personne qui s'occupe des animaux malades. ☐

2 Read the accounts of work experience and then answer the questions that follow.

Coralie: J'ai travaillé dans une école maternelle. C'était un travail difficile. J'avais souvent mal à la tête. Mes collègues étaient sympa mais je ne veux pas travailler avec les enfants plus tard dans la vie.

Yannick: J'ai travaillé chez un dentiste. Je répondais au téléphone. Je veux devenir docteur donc le travail m'intéressait beaucoup mais j'ai dû porter un uniforme blanc. J'avais l'air ridicule.

Claire: J'ai travaillé dans une agence de voyages. J'aidais les clients à choisir des destinations pour leurs vacances. J'ai passé beaucoup de temps à travailler sur ordinateur. Mon uniforme bleu était chic.

a) Who worked in a nursery? ....

b) Who spent a lot of time on the computer? ....

c) Who did not like wearing a uniform? ....

d) Who had pleasant colleagues? ....

e) Who ended up with a headache? ....

f) Who does not want to work with children? ....

g) Who wants a medical career? ....

☐

Part-time Work and Pocket Money

3 Read the accounts below about part-time jobs, and then fill in the table to say where each person works, what they do, and their opinion on their job.

Pascal: Je travaille dans un café au centre-ville le samedi. Je sers les clients et je fais la vaisselle. C'est fatigant.

Marie: Je travaille dans un supermarché le week-end. Je travaille à la caisse. Je ne l'aime pas parce que c'est très ennuyeux.

Jean-Luc: Je travaille dans un magasin de vêtements au centre-ville. J'aide les clients à choisir des vêtements. J'aime bien le contact avec le public donc j'adore mon travail.

Christelle: Le week-end, je travaille dans un garage avec mon ami. Je lave les voitures. C'est bien payé.

Person	Place of work	Duties	Opinion
Pascal			
Marie			
Jean-Luc			
Christelle			

Revision Guide Reference: Pages 40–41

School and Work

Jobs and Work Experience

1 Match the definitions **A, B, C, D, E** and **F** to the images **1–6**. Enter the appropriate number in the boxes provided.

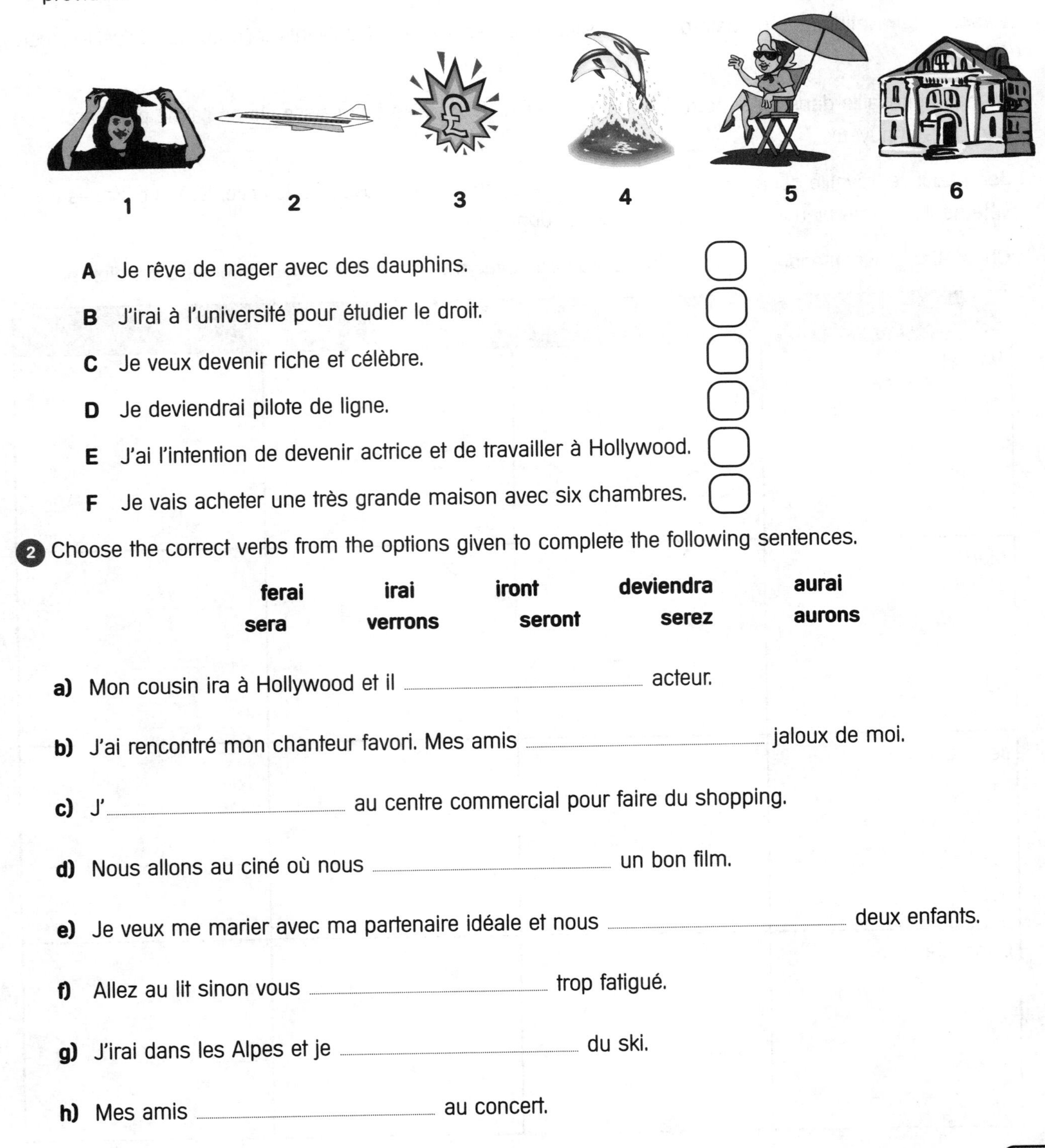

1 **2** **3** **4** **5** **6**

A Je rêve de nager avec des dauphins. ☐

B J'irai à l'université pour étudier le droit. ☐

C Je veux devenir riche et célèbre. ☐

D Je deviendrai pilote de ligne. ☐

E J'ai l'intention de devenir actrice et de travailler à Hollywood. ☐

F Je vais acheter une très grande maison avec six chambres. ☐

2 Choose the correct verbs from the options given to complete the following sentences.

ferai **irai** **iront** **deviendra** **aurai**
sera **verrons** **seront** **serez** **aurons**

a) Mon cousin ira à Hollywood et il .... acteur.

b) J'ai rencontré mon chanteur favori. Mes amis .... jaloux de moi.

c) J' .... au centre commercial pour faire du shopping.

d) Nous allons au ciné où nous .... un bon film.

e) Je veux me marier avec ma partenaire idéale et nous .... deux enfants.

f) Allez au lit sinon vous .... trop fatigué.

g) J'irai dans les Alpes et je .... du ski.

h) Mes amis .... au concert.

Jobs and Work Experience

3 Read the following accounts and then answer the questions that follow.

Olivier: Moi, j'irai au lycée technique et je ferai une formation professionnelle, parce que je voudrais devenir mécanicien à la fin de mes études.

Jeanne: J'irai en fac pour quatre ans. Ma matière préférée est l'anglais. Je l'aime beaucoup et c'est une matière très utile parce je travaillerai à l'étranger plus tard dans la vie.

Carole: Moi, je suis élève dans un lycée classique. J'étudierai le latin et le grec, parce que je rêve d'aller à l'université et de devenir archéologue.

Henri: En juillet, je quitterai l'école parce que je trouve tous mes cours ennuyeux. Je chercherai un travail. Je ne passerai pas le bac – ce n'est pas la peine. Je panique facilement pendant les examens.

a) What will Olivier do at college?

b) What job does Olivier want to do?

c) **i)** What does Jeanne say about English?

ii) How might this subject be useful for her later?

d) **i)** What will Carole study?

ii) Why?

e) **i)** What does Henri want to do in July?

ii) Why?

f) What does Henri say about exams?

Lifestyle

Health and Fitness

1 These people are saying how they stay fit and healthy. Match the descriptions **A, B, C, D, E, F** and **G** with the images **1–7**.

1 2 3 4 5 6 7

A Je bois un litre d'eau minérale par jour. ▢

B Je suis très sportive, je vais souvent au gymnase. ▢

C Je ne fume pas. ▢

D Je ne bois jamais d'alcool. ▢

E Je me couche de bonne heure et je dors bien. ▢

F Je mange équilibré. ▢

G Je lis un bon livre pour me déstresser. ▢

2 Translate the following sentences into English.

a) Tu es malade. ....

b) J'ai mal au coeur. ....

c) Ça fait mal. ....

d) Elle a mal à l'estomac. ....

e) J'ai mal aux dents. ....

f) J'ai mal à la gorge. ....

g) J'ai mal au dos. ....

h) Il a la grippe. ....

i) Ils ont de la fièvre. ....

Health and Fitness

3 This is a writing task. Write a short essay about what you do to stay healthy.

- Talk about exercise in your daily routine.
- Talk about your diet.
- Try to include the past tense in your essay.

Revision Guide Reference: Pages 46–47

Lifestyle

Smoking and Drugs

1 Read the following sentences about healthy living and say which are in the **past** tense, which are in the **present** tense and which are in the **future** tense.

a) Le weekend dernière, je suis allé au centre sportif où j'ai joué au badminton. ....

b) Je mange beaucoup de fruits et de légumes. ....

c) Je ne vais jamais fumer – cela cause le cancer. ....

d) Hier, j'ai mangé un gros gâteau au chocolat. ....

e) Je préfère la cuisine italienne parce que j'adore les pizzas et les pâtes. ....

f) Je ne fume pas parce que c'est dangereux pour les poumons. ....

g) Hier soir, j'ai fumé une cigarette pour me relaxer avec mes amis. ....

h) Je n'ai pas l'intention de boire de l'alcool parce que ce sera mauvais pour la santé.

....

i) Je jouerai au squash parce que c'est très rapide. ....

j) Je vais à la piscine une fois par semaine. ....

k) J'irai au gymnase régulièrement quand je serai plus âgé. ....

2 This is a speaking task. Complete each of the following sentences, saying how often and why. For example, 'Je fume rarement des cigarettes parce que je n'aime pas l'odeur.' Say your answer out loud.

a) Je fume des cigarettes...

b) Je bois de la bière...

c) Je mange des frites...

d) Je fais du sport...

e) Je regarde la télévision...

f) Je bois de l'eau minérale...

g) Je mange des légumes...

h) Je vais au collège à pied...

Smoking and Drugs

3 Read the passage below and then answer the questions that follow.

La mère d'un drogué raconte ses expériences.

Mon fils prend des drogues depuis deux ans. Il a commencé au lycée à cause du stress provoqué par son travail scolaire et ses examens. Ses profs m'ont dit qu'il était souvent absent et à ce moment-là j'ai commencé à le surveiller de plus près. Un jour j'ai remarqué qu'il avait volé de l'argent de mon porte-monnaie. J'ai dû le confronter.

J'ai proposé un programme de désintoxication. Ce n'était pas sans problème. Mon fils a eu des difficultés avec la police et son comportement est devenu violent envers ses frères. Son père et moi sommes devenus découragés. Mais enfin il a rencontré une jeune fille – droguée comme lui – qui l'a aidé à s'en sortir. Cette jeune fille lui a donné la volonté nécessaire pour combattre sa dépendance. Il a repris ses études et il parle maintenant d'aller à l'université.

a) For how long has the woman's son been an addict? ....

b) Why did the boy start to take drugs? ....

c) Why did the woman start to pay closer attention to her son's behaviour?

....

d) Why did she decide to confront him? ....

e) What problems were met during the rehabilitation programme? Give two details.

i) ....

ii) ....

f) What effect did these problems have on the boy's parents? ....

g) What eventually helped the boy to overcome the problem? ....

h) What shows that things are getting back to normal? ....

....

Lifestyle

Food and Drink

1 Read the menu items below, and then say how much each of the following costs in euros (€).

Chicken €8	**Fish €7**	**Soup €3**	**Ham sandwich €4**
Burger €6	**Beer €2**	**Bottle of wine €11**	**Water €1**

a) Un sandwich au jambon ....

b) Du poisson ....

c) Du poulet ....

d) Une bière ....

e) Une bouteille de vin rouge ....

f) Du potage ....

2 Choose a suitable dish for each of the following people. Match the descriptions **A**, **B**, **C**, **D**, **E**, **F** and **G** with the menu items **1–7**.

1 Sandwich au fromage

2 Sandwich au thon

3 Omelette aux champignons

4 Poulet rôti

5 Fruits de mer

6 Steak-frites

7 Tarte aux fraises

A I'm vegetarian but I like eggs. ☐

B I want a quick snack but I don't like fish. ☐

C I love fish and seafood. ☐

D I have a sweet tooth. ☐

E I want a main course but I don't like fish, red meat or mushrooms. ☐

F I want a sandwich but I hate cheese. ☐

G I like red meat (I'm not very health conscious). ☐

New Specifications

Answers

GCSE French

Essentials

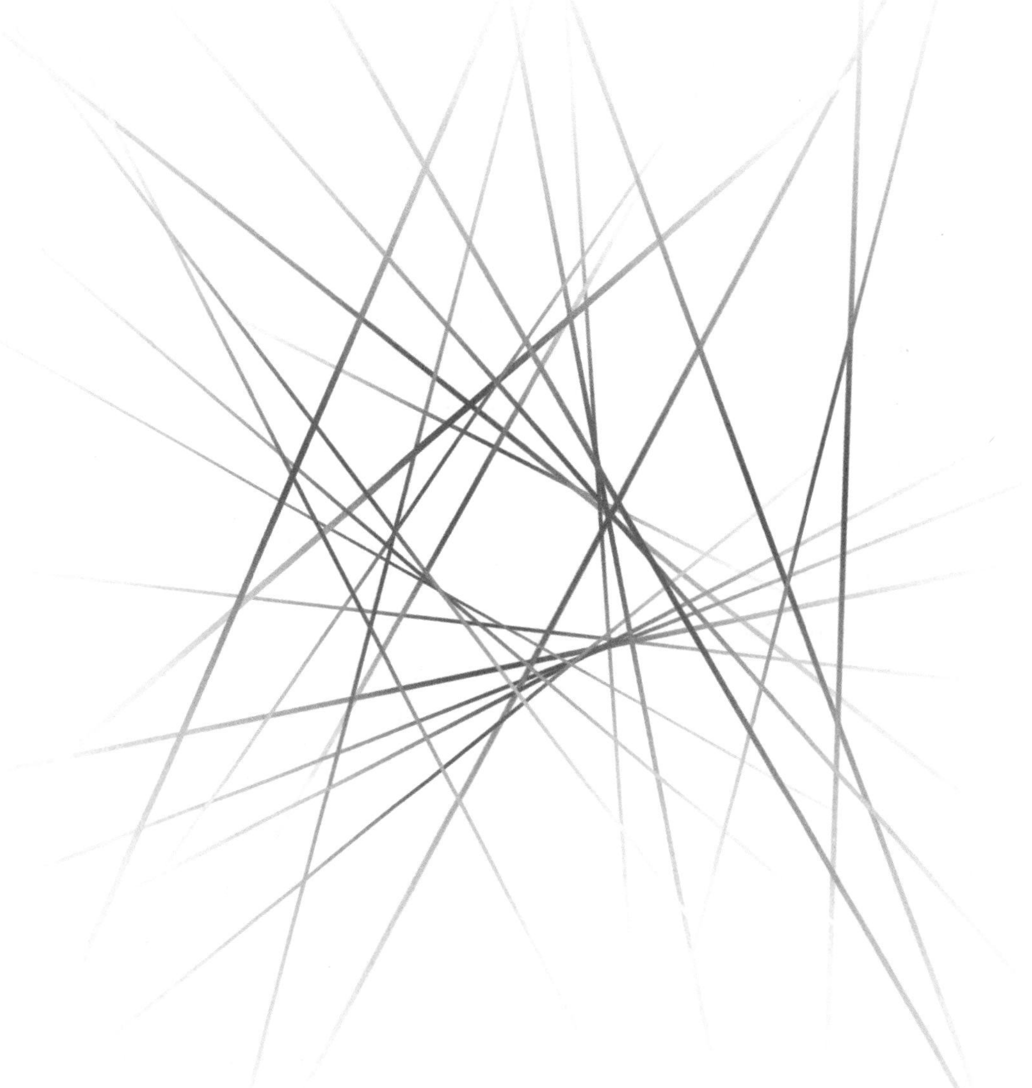

ESSENTIALS

GCSE French

Workbook Answers

Page 4

1. **a)** 32 **b)** 27 **c)** 105 **d)** 56 **e)** 1220 **f)** 48 **g)** 66 **h)** 76 **i)** 99 **j)** 86

2. Six heures du soir – Dix-huit heures
Sept heures du soir – Dix-neuf heures
Cinq heures et quart du soir – Dix-sept heures quinze
Onze heures et demie du matin – Onze heures trente
Quatre heures moins le quart – Quinze heures quarante-cinq
Huit heures moins vingt – Dix-neuf heures quarante
Neuf heures dix du soir – Vingt et une heures dix
Onze heures du soir – Vingt-trois heures

Page 5

3. **a)** **i)** False **ii)** False **iii)** True **iv)** True **v)** False **vi)** True **vii)** False **viii)** True **ix)** False **x)** True
b) **i)** Lundi dix-huit juillet.
ii) Mercredi trente août.
iii) Vendredi deux avril.
iv) Jeudi dix octobre.
v) Aujourd'hui, c'est dimanche vingt-quatre décembre.
vi) A deux heures de l'après-midi.
vii) A neuf heures du matin.
viii) A minuit.
ix) Il est quatre heures et quart.
x) Il est sept heures trente / Il est sept heures et demie.

Page 6

1. Qui a mangé la tarte? – C'est mon frère.
Combien de sœurs as-tu? – J'en ai deux.
Quelle est la date aujourd'hui? – C'est le quatre mai aujourd'hui.
Où habites-tu? – 32, rue de la paix.
Comment allez-vous? – Je vais très bien, merci.
C'est quand, ton anniversaire? – Je suis né le cinq avril.
Combien de temps dure le film? – Une heure vingt minutes.
Pourquoi mets-tu un pullover? – Il fait froid.
Il est de quelle couleur? – Il est vert.
Qu'est-ce que tu regardes? – Les informations.

2. **a)** HLM **b)** SIDA **c)** EPS **d)** TGV **e)** CES **f)** TVA **g)** VTT **h)** SAMU

Page 7

3. **a)** B **b)** C **c)** A **d)** C **e)** B **f)** C **g)** B

Page 8

1. **a)** True **b)** True **c)** False **d)** True **e)** True **f)** False **g)** True **h)** True

2. **a)** Nadine **b)** Vincent **c)** Vincent **d)** Nadine

Page 9

3. **a)** **i)–ii) Any two from**: He's selfish; He does what he likes; He doesn't help in the house.
b) **i)–iii) Any three from:** She's insolent / rude; She's boring; She's pretty; She has long, blond hair; She doesn't talk to Laura.
c) Well
d) **i)–iii) Any three from:** They are generous; She talks to them; She confides in her mother; Her mother always listens; Her father is there for her.

Page 10

1. A 4; B 3; C 5; D 1; E 2

2. **a)** ma **b)** mon **c)** mes **d)** mon **e)** mes **f)** ma **g)** mon **h)** mes **i)** ma **j)** mon

Page 11

3. **a)** They live near his school / He lives on a farm and there is no school bus.
b) Dynamic, nice, works in England.
c) He's a doctor, works in a London hospital.
d) She is the same age as him, is pretty, has long hair and blue eyes.
e) Small, wears glasses.
f) **i)** He would like to work in England / English is his favourite subject.
ii) The climate and the cooking.

Page 12

1. A 2; B 3; C 4; D 1

2. **a)** Pierre **b)** Marine **c)** Arnaud **d)** Marine **e)** Pierre **f)** Pierre **g)** Arnaud **h)** Marine

Page 13

3. **Example:**

Je suis assez grand et très mince. J'ai les cheveux bruns et les yeux verts. Je ne suis pas du tout sérieux. Je ne suis pas travailleur mais on me dit que je suis assez intelligent.

Ma sœur est grande, elle aussi. Elle est plus jeune que moi. Elle aime bien faire du sport et écouter de la musique. Elle est toujours gentille et généreuse.

Page 14

1. Je m'entends avec mon frère...– ...parce qu'il est gentil.
Je ne m'entends pas avec ma sœur...– ...parce qu'elle m'énerve.
Je ne m'entends pas avec mes parents...– ...parce qu'ils sont pénibles.
Je m'entends très bien avec mes cousines...– ...parce qu'elles sont sympa.
Je m'entends bien avec mes amis...– ...parce qu'ils sont amusants.
J'adore ma grand-mère...– ...parce qu'elle est généreuse.

2. **Example:**

a) J'ai les yeux bleus.
b) J'ai les cheveux roux. Ils sont assez longs et raides.
c) J'aime jouer aux jeux sur internet et faire du sport avec mes copains.
d) Je suis assez sportif, mais un peu paresseux. Mes amis disent que je suis amusant.
e) J'ai une sœur qui est plus jeune que moi.
f) Ma sœur est casse-pieds, elle m'énerve. Elle est souvent impatiente et impolie. Je n'aime pas ça.
g) **i)** Je m'entends très bien avec mes parents.
ii) Ils sont toujours là pour moi. Ils me traitent en adulte.

Page 15

3. **a)** **i)–ii) In any order:** Parents are divorced; He lives a long way from her.
b) **i)–iii) Any three from:** She's strict; They argue; She criticises her clothes / friends / attitude to school work.
c) **i)** Not well
ii) He's insolent and she thinks her mother prefers him.
d) **i)–ii) In any order:** She gets on well with her; She listens to her.

Page 16

1. A 6; B 1; C 3; D 2; E 5; F 7; G 4

2. **a)** Halima
b) Olivier
c) Florence
d) Florence
e) Halima

Page 17

3. **a)** famous
b) abroad
c) get married
d) children
e) unemployment
f) money

g) in the country
h) in the town centre
i) rich
j) to have a large family

Page 18

1. A 3; B 6; C 5; D 1; E 2; F 4

2. **a)** False **b)** True **c)** False **d)** Not mentioned
e) True **f)** True **g)** False **h)** True

Page 19

3. **a)** 38%
b) 44%
c) 7%
d) 70%
e) 15 to 17 year olds.
f) It's a leisure activity especially for girls.
g) Homelessness

Page 20

1. J'adore faire la cuisine. – Cooking
Je n'aime pas faire le jardinage. – Gardening
Je mets la table tous les jours. – Setting the table
Je déteste passer l'aspirateur. – Vacuuming
Je dois sortir la poubelle. C'est nul. – Taking the bin out
J'aime faire la vaisselle. – Washing-up

2. **a)** A **b)** C **c)** C **d)** B **e)** C

Page 21

3. **a)** Annie
b) Philippe
c) Morgane
d) Annie
e) Morgane
f) Philippe
g) Philippe
h) Salad and yoghurt.
i) Her mum and her younger sister.
j) Steak and chips.

Page 22

1. Je me lève tout de suite. – I get up straightaway.
Je me lave dans la salle de bains. – I wash in the bathroom.
Je me brosse les cheveux. – I brush my hair.
Je m'habille dans ma chambre. – I get dressed in my bedroom.
Je prends le petit déjeuner à sept heures et demie. – I have breakfast at 7.30am.
Je me brosse les dents. – I brush my teeth.
Je me couche à onze heures et demie. – I go to bed at 11.30pm.

2. **Example:**

a) J'habite dans la banlieue de Manchester.
b) Ma maison est petite. Il y a trois chambres, un salon, une cuisine moderne et une grande salle de bains.
c) Ma chambre est confortable. Les murs sont bleus et les rideaux jaunes. J'ai une armoire, un lit, une petite table et une télé.
d) Je me lève à sept heures, c'est trop tôt!
e) Je prends des céréales et je bois du thé.
f) Je quitte la maison à huit heures moins le quart.
g) Je prends le diner et je regarde un peu la télé. Je fais mes devoirs et je surfe sur le net.
h) Je me couche à dix heures et demie.
i) Je fais la vaisselle, je range ma chambre (de temps en temps) et je promène le chien tous les jours.
j) J'adore ma maison. J'ai tout ce qu'il me faut. C'est près des magasins et pas loin de mon école. C'est pratique.

Page 23

3. A 5; B 2; C 4; D 1; E 3; F 7; G 6

Page 24

1. A 3; B 6; C 4; D 1; E 2; F 5

2. **a)** In north west France near Rouen.
b) **i)–iii) In any order:** Do sport; Walk; Shop
c) Always something to do / lively.
d) **i)** She doesn't like it.
ii) Too quiet / Nothing to do / No public transport.

Page 25

3. **Example:**

Ma ville se trouve dans le centre de l'Angleterre.
Il y a environ cent mille habitants.
Ma ville se trouve près de la campagne, c'est pratique.
Dans ma ville, il y a beaucoup de magasins et de restaurants. Il y a un grand marché et des monuments historiques.
Il n'y a pas de théâtre, malheureusement.
Pour les touristes, il y a un château intéressant et des musées.
Pour ceux qui aiment le sport, il y a un grand centre sportif moderne où l'on peut jouer au badminton ou faire de la natation.
Le soir, comme distractions, on peut aller en boîte ou voir un film au cinéma.
J'aime habiter ici parce qu'il y a beaucoup à faire et les gens sont sympa.
Je n'aime pas habiter ici, parce que c'est trop tranquille.

Page 26

1. A 2; B 1; C 6; D 5; E 3; F 4

2. **a)** La poste
b) Le cinéma
c) La piscine
d) Le parc
e) La banque
f) Le marché

Page 27

3.

Destination	Activities	Transport
A Old town	See old houses	On foot
B Gardens (of Monet)	Picnic	Coach
C Pottery	Make your own pots	Train
D Castle	Guided visit	Bike

Page 28

1. **a)** Negative **b)** Positive **c)** Positive **d)** Negative **e)** Negative
f) Positive **g)** Positive **h)** Negative **i)** Positive **j)** Negative

2. **a)** True **b)** False **c)** False **d)** True **e)** False **f)** True **g)** True

Page 29

3. **a)** Frédéric **b)** Abdul **c)** Salma **d)** Christian **e)** Salma
f) Frédéric **g)** Christian **h)** Abdul **i)** Salma **j)** Frédéric

Page 30

1. **a)** False **b)** True **c)** True **d)** False **e)** True **f)** False **g)** False

2. **Example:**

a) Il faut porter l'uniforme correct.
b) Il ne faut pas boire d'alcool au collège.

c) On peut apporter un portable mais il ne faut pas l'utiliser en classe.
d) On ne doit pas parler en classe sans permission.
e) Il est interdit de porter le maquillage.
f) Il n'est pas permis de fumer dans les toilettes.

Page 31

3.

Name	For, Against or Not Sure?	Why?
Thibault	Against	Individual liberty / sad to see people dressed the same
Annie	For	Can't see difference between rich and poor / some pupils wear expensive clothes
Patricia	Not sure	Practical (don't have to decide what to wear) / doesn't like the idea of wearing a skirt in winter.

Page 32

1. **a)** disciplinés **b)** long **c)** sévères **d)** devoirs **e)** cuisine **f)** timide

2. **a)** True **b)** False **c)** True **d)** False **e)** True **f)** True **g)** True **h)** True

Page 33

3. **Example:**

Mon école idéale est moderne et bien équipée. Il y a une piscine olympique, un centre sportif et une grande bibliothèque. La cantine a deux étoiles Michelin. Il n'y a pas de graffiti sur les murs et le vandalisme n'existe pas. L'ambiance est toujours calme et décontractée.

Les professeurs sont super intelligents, attentifs, patients, sympa et compétents.

Les élèves bien sûr, sont travailleurs, sages, organisés et très polis.

Page 34

1. A 7; B 5; C 1; D 2; E 3; F 4; G 6

2. **a)** A **b)** A **c)** B **d)** C **e)** C

Page 35

3. **a)** **i)–iii) Any three from:** She was good at art; A teacher recommended it; She wanted a practical career; She likes to meet people.
b) **i)–ii) In any order:** Have new ideas; Solve problems
c) **i)–iii) Any three from:** 6 years' study; Studied maths; Studied physics; Studied art; Studied ICT.
d) Renovating old houses.
e) Continuing because it is very satisfying.

Page 36

1. A 3; B 5; C 2; D 4; E 6; F 1

2. **a)** Coralie **b)** Claire **c)** Yannick **d)** Coralie **e)** Coralie **f)** Coralie **g)** Yannick

Page 37

3.

Person	Place of Work	Duties	Opinion
Pascal	Café	Wash up / serve	Tiring
Marie	Supermarket	On the till	Boring
Jean-Luc	Clothes shop	Helps customers choose	Likes working with people
Christelle	Garage	Washes cars	Well-paid

Page 38

1. A 4; B 1; C 3; D 2; E 5; F 6

2. **a)** sera **b)** seront **c)** irai **d)** verrons **e)** aurons **f)** serez **g)** ferai **h)** iront

Page 39

3. **a)** Vocational training
b) A mechanic
c) **i)** It's useful
ii) To work abroad.
d) **i)** Latin, Greek
ii) Because she wants to be an archaeologist.
e) **i)** Leave school
ii) Lessons are boring.
f) He panics in exams.

Page 40

1. A 7; B 4; C 1; D 2; E 5; F 3; G 6

2. **a)** You are ill.
b) I feel sick.
c) It hurts.
d) She has a stomach ache.
e) I have tooth ache.
f) I have a sore throat.
g) I have a sore / bad back.
h) He has flu.
i) They have a fever / temperature.

Page 41

3. **Example:**

Je suis très sportif. Je fais du jogging presque tous les jours. Le week-end dernier, je suis allé au centre sportif où j'ai joué au badminton. C'était amusant mais fatigant.

Je ne fume pas parce que c'est dangereux pour les poumons et c'est une perte d'argent. Les cigarettes sont chères. Je ne bois pas. Je n'aime pas la vodka et je ne peux pas supporter le vin – c'est pour les vieux.

Page 42

1. **a)** Past
b) Present
c) Future
d) Past
e) Present
f) Present
g) Past
h) Future
i) Future
j) Present
k) Future

2. **Example:**

a) Je fume rarement des cigarettes parce que je n'aime pas l'odeur.
b) Je ne bois jamais de bière parce que je n'aime pas le goût.
c) Je mange souvent des frites parce qu'elles sont bonnes.
d) Je fais souvent du sport parce que c'est bon pour la santé.
e) Je regarde de temps en temps la télévision parce que c'est assez divertissant.
f) Je bois tous les jours de l'eau minérale parce que c'est bon pour la peau.
g) Je mange quelquefois des légumes parce que je veux manger équilibré.
h) Je vais souvent au collège à pied parce que je veux garder la forme.

Page 43

3. **a)** 2 years.
b) Stress (of school / exams).

c) He was often absent from school.
d) He stole money from her.
e) i)–ii) **In any order:** He had trouble with the police; He was violent towards his brothers.
f) They were discouraged.
g) He met a girl (who was also a drug addict).
h) He has started his studies again and is talking of going to university.

Page 44

1. a) 4 euros b) 7 euros c) 8 euros d) 2 euros e) 11 euros f) 3 euros

2. A 3; B 1; C 5; D 7; E 4; F 2; G 6

Page 45

3. **Example:**

Mangez beaucoup de fruits et de légumes: essayez de manger cinq portions de fruits et de légumes chaque jour. Mais ne mangez pas trop de sucre ou de sel. Évitez de manger trop de graisse. Buvez beaucoup d'eau mais pas de boissons gazeuses. Naturellement, il est essentiel de manger assez de fibres. C'est une bonne idée de faire du sport. Comme ça vous resterez en pleine forme et vous serez moins stressé.

Page 46

Bon pour la santé	Mauvais pour la santé	Bon pour la santé en modération
la salade	les frites	le fromage
l'eau minérale	les bonbons	la viande rouge
le poisson	la bière	le café
le poulet	le chocolat	le vin rouge
les céréales	les gâteaux	
le riz	le coca-cola	
les fruits	la crème	
les légumes		

2. **Example:**

a) i) Je mange beaucoup de fruits.
ii) Par exemple, des oranges et des pommes. Je les trouve délicieuses.
b) i) Je mange aussi du chocolat.
ii) Parce que c'est très bon, mais ce n'est pas trop bon pour la santé, malheureusement.
c) i) Hier j'ai mangé une pizza.
ii) Hier, j'ai bu trois tasses de thé et beaucoup d'eau.
d) i) Je préfère la cuisine italienne
ii) Parce que j'aime les pâtes.
e) J'aime beaucoup les fruit et les lègumes – ils sont bons pour la santé.
f) Je n'aime pas tellement le fast-food parce que c'est mauvais pour la santé et je pense qu' il y a trop de graisse et de sel dedans.

Page 47

3. a) Claire b) Claire c) Syed d) Yves e) Syed f) Yves g) Claire h) Syed i) Yves j) Claire

Page 48

1. Meat – La boucherie
Perfume – La parfumerie
Fish – La poissonnerie
Cake – La pâtisserie
Sausages – La charcuterie
Sugar – L'épicerie
Sweets – La confiserie
Throat pastilles – La pharmacie
Bread – La boulangerie

2. a) A b) B c) B d) C e) A f) C

Page 49

3. autobus; pantalon; chaussettes; livre; chocolats; jus d'orange; de l'argent; glaces; jeux-vidéo; pizza

Page 50

1. A 4; B 5; C 2; D 1; E 6; F 3

2. a) noire
b) noires
c) courte
d) cuir
e) maquillage
f) long
g) piercing
h) large

Page 51

3. a) 43%
b) Girls are more enthusiastic.
c) i)–ii) **In any order:** Quality is not better; They're expensive.
d) To be like others / they are cool.
e) Not in favour.
f) i)–ii) **In any order:** Can't express personality; Uniform looks strange.

Page 52

1. A 6; B 5; C 3; D 4; E 2; F 1

2. a) B b) C c) B d) A e) A

Page 53

3.

Person	Type of film	Reason for Going	Opinion
Henriette	Love	Likes the actors	Long / boring
Laurence	Horror	Brother's recommendation	Frightening / enjoyable
Danielle	Historical drama	Read and enjoyed book	Disappointing, awful acting, boring
Nadine	Cartoon	Likes funny films	Enjoyed it

Page 54

1. A 2; B 6; C 1; D 5; E 4; F 3

2. **Example:**

a) J'aime regarder la télé, j'aime surtout les feuilletons et les jeux.
b) J'adore 'Heroes' parce que j'aime les personnages et c'est toujours plein d'action et d'aventures.
c) Normalement, je fais du shopping au centre-ville avec mes copines parce que j'adore la mode et les vêtements.
d) Je vais souvent au cinéma parce que j'aime les films américains.
e) J'aime mieux les films comiques et mon acteur favori est Jim Carrey. Je le trouve amusant.
f) Je n'aime pas beaucoup lire mais je lis des bandes dessinées de temps en temps.
g) J'aime le rap et j'écoute souvent de la musique quand je suis dans ma chambre.

h) Je n'aime pas tellement faire de la danse. Je ne suis pas sportive et je n'ai pas beaucoup d'énergie.
i) Le week-end dernier, je suis allée au centre commercial pour acheter un cadeau d'anniversaire pour ma petite sœur.
j) Le week-end prochain, je vais passer la nuit chez ma copine. On va beaucoup manger et on va bavarder jusqu'à deux heures du matin.

Page 55

3. **a)** He is from a Moroccan background.
b) His personality.
c) Making people laugh.
d) It's about North African soldiers during the Second World War.
e) He won best actor award.
f) Open film studios in Morocco to combat unemployment.

Page 56

1. A 4; B 6; C 3; D 2; E 1; F 5

2. **Example:**

a) Le 25 décembre, on fête Noël en famille.
b) Toute la famille vient chez nous. On mange un repas traditionnel, c'est-à-dire, de la dinde puis du pudding de Noël. On offre et on reçoit des cadeaux.
c) C'est une journée très amusante.
d) L'année dernière, j'ai reçu une nouvelle console de jeux et j'ai bu un peu de Champagne pour la première fois. L'année prochaine, nous allons partir en vacances de sports d'hiver dans les Alpes. Ce sera passionnant.

Page 57

3 **a)** Elisa
b) Ahmed
c) Mathilde
d) Elisa
e) Ahmed
f) Mathilde
g) Mathilde
h) Elisa
i) Mathilde

Page 58

1. Le week-end, j'aime aller à la piscine, – où je fais de la natation.
Le week-end, j'aime faire de l'équitation, – j'aime me promener à cheval.
Le week-end, je fais souvent du cyclisme, – je fais du vélo avec mon ami.
J'adore la lecture, – je préfère les romans policiers.
J'aime regarder le sport, – je vais souvent au stade.
J'aime le patinage, – mais je n'aime pas tomber.

2. **a)** C **b)** B **c)** B **d)** A

Page 59

3. **a)** Negative
b) Positive
c) Negative
d) Mixed
e) Mixed
f) Positive
g) Negative
h) Positive

Page 60

1. A 4; B 2; C 3; D 6; E 1; F 5

2. **a)** Advantage
b) Advantage
c) Disadvantage
d) Disadvantage
e) Disadvantage
f) Advantage
g) Disadvantage
h) Disadvantage

Page 61

3. **a)** Liliane
b) Liliane
c) Liliane
d) Maxime
e) Maxime
f) Richard
g) Richard
h) Maxime

Page 62

1. A 2; B 5; C 1; D 6; E 4; F 3

2. **Example:**

a) Je télécharge souvent de la musique parce que c'est pratique et pas trop cher.
b) Je préfère la musique pop et le rap.
c) Je passe environ deux heures devant l'ordinateur chaque soir. Je lis mes e-mails et je fais mes devoirs sur ordinateur.
d) Je communique en ligne avec mes amis. J'ai aussi des correspondants en France et en Belgique.
e) J'achète de temps en temps des DVD ou des billets pour des concerts.
f) Il y a beaucoup de fraude et si on utilise une carte de crédit, il faut faire attention.
g) Pour rassurer mes parents si je suis en retard ou bien pour envoyer des textos à mes amis.
h) On peut contacter ses amis à tout moment.
i) Les sonneries idiotes sont quelquefois casse-pieds.

Page 63

3. **a)** **i)–ii) Any two from:** Email; Shopping; Information.
b) Advertisements (spam).
c) Who young people are talking to / what they are seeing / coming across dishonest people.
d) Fraud.
e) A lot of information is false.
f) Use the internet but with care.

Page 64

1. A 3; B 2; C 4; D 1; E 6; F 5

2. A 8; B 1; C 3; D 5; E 6; F 2; G 7; H 4

Page 65

3. **a)** **i)–iii) In any order:** Lazy; Likes shopping; Likes the countryside.
b) **i)–iii) In any order:** Health conscious; Likes watersports; Likes the seaside.
c) **i)–iii) In any order:** Interested in educational aspects of holidays; Likes languages; Likes foreign travel.

Page 66

1. Philippe went to the Alps <u>three</u> years ago. He went there for <u>two weeks</u> and travelled by <u>car</u>. He thought the journey was long and <u>interesting</u>. He stayed in a <u>large</u> hotel. During the day he skied and went <u>shopping</u>. In the evening he drank <u>beer</u>. The weather was very cold and it <u>rained</u> a lot.

2. **Example:**

Je suis allé en Italie avec ma famille. Je suis parti de bonne heure pour prendre l'avion.

Je suis resté dans une villa avec une grande piscine au bord de la mer. Pendant la journée, j'ai bronze ou j'ai nagé dans la piscine. Un jour, on a visité une ville historique. Un soir, j'ai dansé en boîte. Il a fait chaud et beau.

Page 67

3. **a)** Isabelle
b) Isabelle
c) Isabelle
d) Melissa
e) Paul
f) Paul
g) Paul
h) Isabelle
i) Paul
j) Isabelle
k) Melissa
l) Melissa

Page 68

1. A 6; B 5; C 2; D 4; E 3; F 1

2. A 4; B 6; C 8; D 1; E 7; F 5; G 2; H 3

Page 69

3. **a)** Negative
b) Positive
c) Mixed
d) Negative
e) Negative
f) Mixed
g) Positive
h) Positive

Page 70

1. A 6; B 2; C 1; D 5; E 3; F 7; G 4

2. **a)** B **b)** A **c)** C **d)** A

Page 71

3. **a)** **i)** The centre.
ii) It will be much nicer – sunny spells and high temperature.
b) **i)** The west.
ii) Ice on the roads.
c) **i)–iii) Any three from:** Bad weather; Showers in the morning; Cloudy; Cold (9 degrees).
d) **i)–ii) In any order:** No, It'll be cloudy; It'll be cold.

Page 72

1. **a)** Positive
b) Positive
c) Negative
d) Negative
e) Positive
f) Negative
g) Positive
h) Negative
i) Negative

2. A 5; B 1; C 6; D 3; E 2; F 4

Page 73

3. **Example:**

Ma ville est assez sale et polluée. C'est une grande ville industrielle. Il y a trop de circulation et donc c'est très bruyant. Il n'y a pas assez d'espaces verts avec des fleurs et des arbres.

Il y a beaucoup à faire. On peut aller au cinéma, fais la natation a la piscine, faire du shopping et visiter le musée.

On devrait créer des zones piétonnes pour réduire la pollution et améliorer la ville pour les habitants qui veulent faire du shopping dans une ambiance calme et agréable.

Page 74

1. A 6; B 4; C 2; D 1; E 3; F 5

2. **a)** par; guerre
b) en train de
c) protéger
d) disparaître
e) innocents
f) pourrait

Page 75

3. **a)** David
b) Fatima
c) Alison
d) Fatima
e) David
f) Alison
g) Fatima
h) Alison

Page 76

1. A 2; B 1; C 4; D 7; E 5; F 8; G 6; H 3

2. **a)** B
b) C
c) A
d) C
e) C

Page 77

3. A 3; B 1; C 5; D 2; E 4

Exam-style Questions Pages 79–88

1 **(a)** A *1 mark*
(b) F *1 mark*
(c) B *1 mark*
(d) D *1 mark*

2 **(a)** D *1 mark*
(b) C *1 mark*
(c) A *1 mark*
(d) E *1 mark*

3 **(a)** B *1 mark*
(b) D *1 mark*
(c) A *1 mark*

4 **(a)** B *1 mark*
(b) A *1 mark*
(c) F *1 mark*
(d) E *1 mark*

5 **(a)** C *1 mark*
(b) A *1 mark*
(c) D *1 mark*
(d) E *1 mark*

6 **(a)** E *1 mark*
(b) D *1 mark*
(c) A *1 mark*

7 **(a)** D *1 mark*
(b) B *1 mark*
(c) C *1 mark*

8 C ✓
D ✓
G ✓
H ✓ *4 marks*

9 **(a)** Assiom *1 mark*
(b) Sarah *1 mark*
(c) Morgane *1 mark*
(d) Assiom *1 mark*
(e) Morgane *1 mark*
(f) Sarah *1 mark*

10 B ✓
C ✓
F ✓
H ✓
I ✓
J ✓
K ✓ *7 marks*

11 **(a)** There has been a big increase in the number of cars. *1 mark*
(b) Car sharing *1 mark*
(c) **(i)** and **(ii)** Public transport is free; The number of cars is limited. *2 marks*

12 **(a)** **(ii)** X *1 mark*
(b) **(i)** X and **(iii)** X *2 marks*
(c) **(ii)** X *1 mark*

ACKNOWLEDGEMENTS

The author and publisher are grateful to the copyright holders for permission to use quoted materials and images.

Every effort has been made to trace copyright holders and obtain their permission for the use of copyright material. The authors and publishers will gladly receive information enabling them to rectify any error or omission in subsequent editions. All facts are correct at time of going to press.

Letts and Lonsdale
4 Grosvenor Place
London SW1X 7DL

Orders: 015395 64910
Enquiries: 015395 65921
Email: enquiries@lettsandlonsdale.co.uk
Website: www.lettsandlonsdale.com

ISBN 9781906415655

01/270209

Published by Letts and Lonsdale

British Library Cataloguing in Publication Data.

A CIP record of this book is available from the British Library.

Book concept and development: Helen Jacobs
Commissioning Editor: Rebecca Skinner
Author: Steve Harrison
Project Editor: Katie Galloway
Cover Design: Angela English
Inside Concept Design: Helen Jacobs and Sarah Duxbury
Text Design and Layout: FiSH Books
Printed and bound in Italy

Letts and Lonsdale make every effort to ensure that all paper used in our books is made from wood pulp obtained from well-managed forests, controlled sources and recycled wood or fibre.

Food and Drink

3 This is a writing task. Write a leaflet to encourage people to eat more healthily.

- Say what people should and shouldn't eat a lot of.
- Say what people should and shouldn't drink a lot of.
- Try to give some reasons for your statements.

Food and Drink

1 Arrange the following foods and drinks into the correct column in the table.

les frites	**la salade**	**l'eau minérale**	**le chocolat**
les gâteaux	**le coca-cola**	**la crème**	**le poisson**
le poulet	**les bonbons**	**la viande rouge**	**la bière**
le café	**le vin rouge**	**les céréales**	**le riz**
le fromage	**les fruits**	**les légumes**	

Bon pour la santé	Mauvais pour la santé	Bon pour la santé en modération

2 This is a speaking task. Prepare a spoken presentation about your eating habits. Use the information below to help you.

a) **i)** Je mange beaucoup de...

ii) par exemple...

b) **i)** Je mange aussi de...

ii) parce que...

c) **i)** Hier j'ai mangé...

ii) Hier, j'ai bu...

d) **i)** Je préfère la cuisine italienne / indienne / chinoise / anglaise...

ii) parce que...

e) J'aime...

f) Je n'aime pas...

Food and Drink

3 Read the accounts below of restaurant meals and then answer the questions that follow.

Claire: En vacances, j'ai mangé dans un petit restaurant italien où j'ai choisi des pâtes pour commencer et puis j'ai mangé une pizza aux fruits de mer. Comme dessert, j'ai pris une glace au chocolat. C'était délicieux. Le service était excellent et ce n'était pas très cher. On a très bien mangé.

Yves: En vacances, j'ai mangé dans un restaurant espagnol. J'ai choisi une salade, mais j'ai trouvé une limace dans mon assiette. J'ai commandé une omelette, mais c'était horrible. Je n'ai pas pris de dessert, parce que je ne voulais plus manger. On a expliqué au serveur, mais il a trouvé cela amusant. En plus, le repas était très cher. Quelle catastrophe!

une limace = a slug

Syed: Pour mon anniversaire, on est allé dans un restaurant assez cher pas loin de chez nous. On a très bien mangé (j'ai choisi l'agneau rôti avec des haricots verts et une salade) mais le service était très lent – on a dû attendre une heure pour le plat principal. On n'a pas pris de dessert mais le café était froid. Heureusement on nous a donné une réduction.

a) Who had an Italian meal? ....

b) Who had a dessert? ....

c) Who had lamb and beans? ....

d) Whose salad was inedible? ....

e) Who had slow service? ....

f) Who had a rude waiter? ....

g) Whose meal was reasonably priced? ....

h) Who was celebrating a special occasion? ....

i) Who paid a lot? ....

j) Who had very good service? ....

Shopping

AQA • Edexcel

1 Draw lines between the boxes to match each product with the shop that it would be bought in.

Meat	La parfumerie
Perfume	La pâtisserie
Fish	La confiserie
Cake	La boucherie
Sausages	La pharmacie
Sugar	La charcuterie
Sweets	La boulangerie
Throat pastilles	La poissonnerie
Bread	L'épicerie

2 a) Which of the following is a past participle? Tick the correct option.

A bu ☐ **B** boire ☐ **C** boit ☐

b) Which of the following is an infinitive? Tick the correct option.

A venu ☐ **B** venir ☐ **C** vient ☐

c) Which of the following is the feminine form of the adjective meaning 'new'? Tick the correct option.

A neufe ☐ **B** neuve ☐ **C** neuf ☐

d) Which of the following is the feminine form of the adjective meaning 'average'? Tick the correct option.

A moyen ☐ **B** moyene ☐ **C** moyenne ☐

e) Which of the following pronouns is an indirect pronoun? Tick the correct option.

A lui ☐ **B** le ☐ **C** la ☐

f) Which of these words would you put in front of **fille**? Tick the correct option.

A ce ☐ **B** cet ☐ **C** cette ☐

Shopping

AQA • Edexcel

3 Choose the correct words from the options given to complete the following passage about a visit to a shopping centre.

chaussettes **jus d'orange** **pizza** **autobus** **chocolats** **glaces**
jupe **livre** **pantalon** **de l'argent** **limonade** **jeux-vidéo**

La semaine dernière, je suis allé au centre commercial avec mes copains. On y est allés en .... D'abord je suis entré dans un magasin de vêtements parce que je voulais acheter un nouveau .... et une paire de .... pour mon père pour Noël. Plus tard, mon ami a dit qu'il voulait aller à la librairie pour acheter un .... pour sa sœur pour son anniversaire. Il n'y en avait plus alors il lui a acheté une grosse boîte de .... à la confiserie. Ensuite on est allés dans un café pour boire un .... Après, on a utilisé le distributeur automatique de billets à la banque pour toucher .... Il faisait très chaud donc on a acheté des .... On est entrés dans un grand magasin pour regarder les ordinateurs et les .... Enfin on a choisi un restaurant parce que nous avions faim et nous avons partagé une grande ....

Clothes and Fashion

AQA • Edexcel

1 Match descriptions **A, B, C, D, E** and **F** below with the images **1–6**.

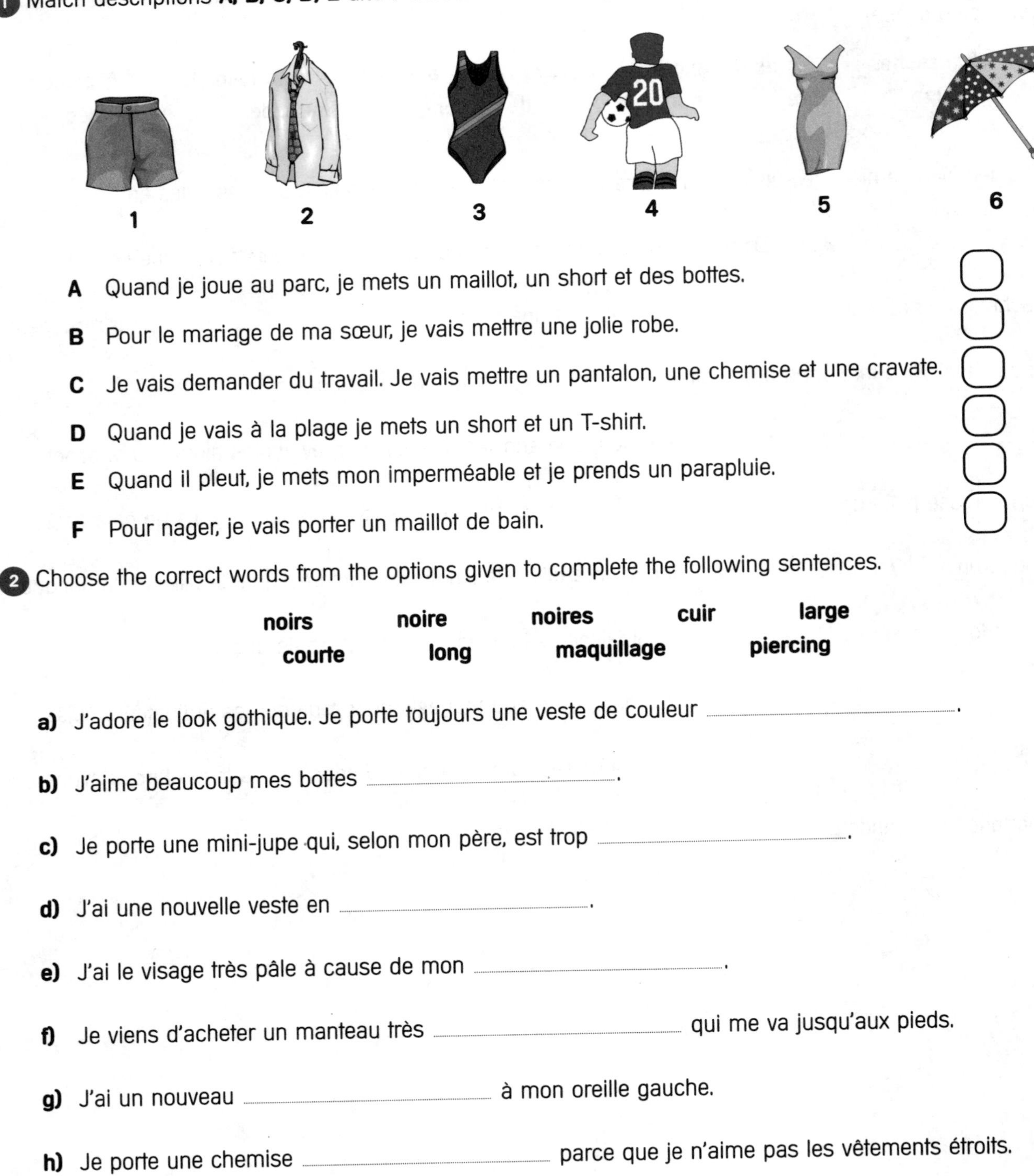

1 **2** **3** **4** **5** **6**

A Quand je joue au parc, je mets un maillot, un short et des bottes. ☐

B Pour le mariage de ma sœur, je vais mettre une jolie robe. ☐

C Je vais demander du travail. Je vais mettre un pantalon, une chemise et une cravate. ☐

D Quand je vais à la plage je mets un short et un T-shirt. ☐

E Quand il pleut, je mets mon imperméable et je prends un parapluie. ☐

F Pour nager, je vais porter un maillot de bain. ☐

2 Choose the correct words from the options given to complete the following sentences.

noirs **noire** **noires** **cuir** **large**
courte **long** **maquillage** **piercing**

a) J'adore le look gothique. Je porte toujours une veste de couleur ....

b) J'aime beaucoup mes bottes ....

c) Je porte une mini-jupe qui, selon mon père, est trop ....

d) J'ai une nouvelle veste en ....

e) J'ai le visage très pâle à cause de mon ....

f) Je viens d'acheter un manteau très .... qui me va jusqu'aux pieds.

g) J'ai un nouveau .... à mon oreille gauche.

h) Je porte une chemise .... parce que je n'aime pas les vêtements étroits.

Clothes and Fashion

AQA • Edexcel

3 Read the account below and then answer the questions that follow.

La mode chez les jeunes

Les piercings et les tatouages sont entrés dans les mœurs des jeunes: 43% envisageraient de se faire poser un piercing, 43% également de se faire tatouer un motif permanent sur la peau. Les jeunes filles sont plus enthousiastes pour ce genre de pratique que les garçons: 59% sont pour le piercing (contre 27% des garçons); 47% pour le tatouage (contre 39% chez les garçons).

Quant aux vêtements, la plupart veulent porter des vêtements de marque. Ils ne pensent pas que ces vêtements soient de meilleure qualité et ils savent qu'ils sont beaucoup plus chers mais ils disent qu'ils se sentent obligés de les porter pour faire comme les autres, pour être 'cool'.

Les jeunes Français sont opposés à l'uniforme scolaire. Ils aiment mieux porter ce qu'ils veulent. Ils ont l'impression qu'on ne peut pas exprimer sa personnalité en portant un uniforme. En plus, ils disent que les filles qui portent des cravates ou les garçons qui portent des blazers ont l'air 'bizarre'.

a) How many young people are considering piercings and tattoos?

....

b) What is said about the different attitude to this practice between boys and girls?

....

c) What two disadvantages of designer clothes are mentioned?

i) ....

ii) ....

d) Why do young people want to wear designer clothes?

....

e) What is the attitude of young French people towards school uniform?

....

f) Give two reasons for this attitude towards school uniform.

i) ....

ii) ....

Leisure and Free Time

Leisure and Pastimes

1 Match the descriptions **A, B, C, D, E** and **F** with the activities **1–6**.

1 A football match	**2** A film	**3** Music
4 A play	**5** Dancing	**6** Swimming

A Jean est allé à la piscine. ☐

B Kevin est allé en boîte de nuit. ☐

C Claire est allée au concert. ☐

D Henri est allé au théâtre. ☐

E Morgane est allée au ciné. ☐

F Catherine est allée au stade. ☐

2 **a)** Which of the following is the correct past participle of **venir**? Tick the correct option.

A venir ☐
B venu ☐
C vient ☐

b) What is the correct form of **être** for the following sentence? Tick the correct option.

Les filles ....allées en ville.
A est ☐
B suis ☐
C sont ☐

c) What is the correct form of the past participle for the following sentence? Tick the correct option.

Elle est ....à la patinoire.
A tombé ☐
B tombée ☐
C tombées ☐

d) Which of the following verb forms completes this sentence? Tick the correct option.

Nous venons de............
A manger ☐
B mange ☐
C mangés ☐

e) Which of the following verbs takes **être** in the perfect tense? Tick the correct option.

A rester ☐
B visiter ☐
C quitter ☐

Leisure and Pastimes

3 Read the accounts below and then complete the table to say what type of film each person went to see, why they went, and what their opinion was of the film.

Henriette: Samedi, je suis allée au cinéma avec mes amies pour voir un film d'amour. On a choisi ce film parce que nous adorons les acteurs principaux. Ils sont beaux et ils ont beaucoup de talent. Malheureusement, malgré nos acteurs favoris, le film était un peu long et ennuyeux.

Laurence: Nous sommes allés au cinéma pour voir un film d'horreur que mon frère nous a recommandé. Le film était très effrayant et nous nous sommes bien amusés.

Danielle: Je suis allée voir un drame historique. C'était une adaptation d'un roman de Balzac que j'ai lu l'année dernière. Je voulais voir le film parce que j'aimais beaucoup le livre. Quelle déception! Les acteurs étaient affreux, l'histoire était très différente du livre et le film a duré trois heures!

Nadine: Avec mes copines, on est allées voir un dessin animé parce que nous aimons les films marrants. C'était un film vraiment réussi, on a bien rigolé et je voudrais le revoir si possible.

Person	Type of Film	Reason for Going	Opinion
Henriette			
Laurence			
Danielle			
Nadine			

Revision Guide Reference: Pages 60–61

Leisure and Free Time

Leisure and Pastimes

1 Match the invitation descriptions **A, B, C, D, E** and **F** with the activities **1–6**.

1 See a film
2 Go dancing
3 Eat out
4 Go for a walk
5 Go to a party
6 See a match

A Tu veux venir avec moi à la discothèque demain soir? ☐

B Mon équipe favorite joue contre Lyon samedi prochain. Tu veux m'accompagner? ☐

C Ça te dit d'aller voir le nouveau film d'espionnage qui sort cette semaine? ☐

D Je t'invite chez moi, mais il faut te déguiser. Mets un costume effrayant pour Halloween. ☐

E Tu veux faire une randonnée à la campagne avec moi? ☐

F Tu peux toujours me retrouver à la crêperie ce soir? J'espère que tu as faim. ☐

2 This is a speaking task. Answer each of the following questions about your free time. Say your answers out loud.

a) Qu'est-ce que tu fais le soir?

b) Quelle est ton émission de télé préférée?

c) Qu'est-ce que tu fais le week-end?

d) Tu vas souvent au cinéma?

e) Quel genre de film est-ce que tu préfères?

f) Qu'est-ce que tu aimes lire?

g) Quelle sorte de musique est-ce que tu préfères?

h) Qu'est-ce que tu n'aimes pas faire?

i) Qu'est-ce que tu as fait le week-end dernier?

j) Qu'est-ce que tu vas faire le week-end prochain?

Leisure and Pastimes

3 Read the following passage about the French actor Jamel Debbouze and then answer the questions that follow.

Jamel Debbouze est un acteur français célèbre. Il est d'origine marocaine.

Il a commencé sa carrière avec un 'one man show' comique et, à cause de sa personnalité sympa, il a réussi à gagner le respect d'un public de plus en plus nombreux, et il est vite devenu l'un des hommes comiques préférés des Français.

Puis il joue dans trois films: *Zonzon* (1998), *Le fabuleux destin d'Amélie Poulain* (2001) et *Astérix & Obélix: Mission Cléopâtre* (2002) qui ont connu beaucoup de succès en France. Dans tous ces films, il a réussi à faire rire les spectateurs.

En 2006, il tourne dans le film historique *Indigènes*. C'est un hommage aux soldats nord-africains qui ont combattu pour la France pendant la 'Seconde Guerre mondiale'. Pour son rôle dans ce film, il a reçu le prix du meilleur acteur au Festival de Cannes.

Jamel est un ami du roi du Maroc, Mohammed VI, et il rêve depuis quelques années de créer dans son pays d'origine un 'Hollywood du désert', des studios de film qui donneront du travail à des Marocains qui sont au chômage.

a) What do we find out about Jamel's origins?

....

b) How did he gain the respect of the French public?

....

c) What did Jamel succeed in doing in his first three films?

....

d) What is the subject of the film *Indigènes?*

....

e) What shows that Jamel's performance in this film was well received?

....

f) What is Jamel's ambition and why does he want to achieve it?

....

Leisure and Free Time

Events and Celebrations

1 Match the descriptions **A, B, C, D, E** and **F** with the correct celebrations **1–6**.

1 Christmas
2 Easter
3 Birthday
4 Halloween
5 Eid
6 Diwali

A On se déguise en mettant des costumes effrayants. Quand on frappe à la porte, on nous donne souvent des bonbons. ☐

B C'est la fête de la lumière pour les Hindous. On offre des cadeaux et on mange bien. Il y a souvent des feux d'artifice le soir. ☐

C On reçoit des cartes et des cadeaux parce que c'est le jour où l'on est né. ☐

D On mange des oeufs en chocolat. ☐

E On mange de la dinde et on offre et on reçoit beaucoup de cadeaux. ☐

F Cette fête marque la fin du Ramadan quand les musulmans ne mangent pas pendant la journée. ☐

2 This is a writing task. Write about a special occasion, using the following information to help you.

a) The date or the time of year:

....

....

b) What you do at this occasion (e.g. what you eat / drink):

....

....

c) Your opinion on the event:

....

....

d) What happened during this occasion last year:

....

....

Events and Celebrations

3 Read the descriptions of three festivals and then answer the questions that follow.

Ahmed, 16 ans: On va bientôt fêter l'Aïd, c'est le dernier jour du Ramadan. On boira un verre de lait et ensuite on mangera une soupe spéciale qui s'appelle la chorba. Ma mère préparera du couscous et beaucoup de petits gâteaux très sucrés.

Elisa, 13 ans: J'aime beaucoup Pâques, parce que j'adore manger des œufs en chocolat. En France, les parents cachent des œufs dans le jardin et les enfants essaient de les trouver. Cette année le lundi de Pâques, c'est mon anniversaire aussi.

Mathilde, 14 ans: L'année dernière, pour Noël, j'ai reçu un nouvel ordinateur de mes parents. On a mangé des huîtres, du pâté, de la dinde avec des légumes. Mes grands-parents, mon oncle et ma tante et mes cinq cousins sont venus chez nous et je me suis très bien amusée.

a) Who likes chocolate? ....

b) Who is going to drink milk? ....

c) Who is interested in IT? ....

d) Who is going to look for something in the garden? ....

e) Who is going to eat sweet cakes? ....

f) Who saw a lot of relatives? ....

g) Who ate oysters? ....

h) Whose birthday coincides with a festival? ....

i) Whose cousins came to stay? ....

Leisure and Free Time

Sports and Exercise

1 Draw lines between the boxes to link the sentence parts and create full sentences.

Le week-end, j'aime aller à la piscine,	je préfère les romans policiers.
Le week-end, j'aime faire de l'équitation,	j'aime me promener à cheval.
Le week-end, je fais souvent du cyclisme,	où je fais de la natation.
J'adore la lecture,	je fais du vélo avec mon ami.
J'aime regarder le sport,	mais je n'aime pas tomber.
J'aime le patinage,	je vais souvent au stade.

2 **a)** Which of the following is the correct past participle for the sentence? Tick the correct option.

Les filles se sont .... de bonne heure.

A couché ☐ **B** couches ☐ **C** couchées ☐

b) Which of the following is a present participle? Tick the correct option.

A nager ☐ **B** nageant ☐ **C** nagé ☐

c) Which word would you use to translate 'for' in this sentence? Tick the correct option.

Je joue au football ....cinq ans.

A pendant ☐ **B** depuis ☐ **C** pour ☐

d) Which word would you use to translate 'for' in this sentence? Tick the correct option.

J'ai joué au football ....cinquante minutes.

A pendant ☐ **B** depuis ☐ **C** pour ☐

Sports and Exercise

3 Read the following information about different sports and say whether the writer has a **positive** attitude, a **negative** attitude or a **mixed** attitude to each sport.

Le tennis ne me plaît pas parce que je le trouve très ennuyeux. Il est aussi difficile de trouver un court libre.

La natation est très bonne pour la santé et je vais souvent à la piscine avec mes copains parce qu'on s'amuse bien dans l'eau.

Mon meilleur ami adore le rugby mais pour moi c'est un sport violent et dangereux.

J'aime bien l'équitation. Je la trouve amusante mais c'est très cher.

La gymnastique me fait du bien mais je la trouve fatigante.

Je trouve le foot passionnant. Mon équipe favorite est Le Mans. C'est une très bonne équipe.

En revanche, le handball ne me dit pas grand-chose. C'est un peu monotone.

Enfin, je peux recommander les sports d'hiver. L'année dernière, j'ai fait du ski dans les Alpes et c'était inoubliable.

a) Tennis ....

b) Swimming ....

c) Rugby ....

d) Horse-riding ....

e) Gymnastics ....

f) Football ....

g) Handball ....

h) Skiing ....

Leisure and Free Time

Media Entertainment

1 Match each type of programme **A, B, C, D, E** and **F** to the correct programme titles **1–6**.

1 Les jeux du stade
2 Qui veut gagner des millions?
3 Le Journal de 20 heures
4 Concert: prélude à la nuit
5 Les aventures de Crocki le crocodile
6 L'inspecteur mène l'enquête

A Une émission musicale ☐

B Un jeu ☐

C Les informations ☐

D Une série policière ☐

E Une émission sportive ☐

F Une émission pour les enfants ☐

2 The following statements are about mobile phones. Say whether each statement gives an **advantage** or a **disadvantage** of mobile phones.

a) On peut rassurer ses parents si on est en retard. ....

b) On peut envoyer des messages à des amis. ....

c) Au cinéma, les sonneries des portables sont pénibles. ....

d) La facture mensuelle est très chère. ....

e) Dans le train, on ne veut pas entendre des conversations privées. ....

f) C'est utile quand on tombe en panne en pleine campagne. ....

g) C'est dangereux pour le cerveau, cela cause le cancer. ....

h) Il y a vingt ans, ça n'existait pas et on vivait bien sans le portable. ....

Media Entertainment

3 Read the passages below and then answer the questions that follow.

Maxime: La télé est utile quand on veut se relaxer et se déstresser. Mais il y a aussi de nombreuses émissions éducatives et instructives. On peut regarder les grands événements en direct. Il y a un seul inconvénient de la télé: il y a trop de publicités débiles qui encouragent les gens à acheter des choses inutiles.

Liliane: La télé empêche les jeunes de faire du sport et les rend passifs et paresseux. C'est comme une drogue – on peut devenir complètement dépendant. Qui plus est, la télé a détruit l'art de la conversation. Les gens ne se parlent plus. Mais je dois avouer que j'aime bien la télé-réalité.

Richard: La télé-réalité exploite les participants et insulte notre intelligence. Un autre souci: si on regarde la télé seul, on peut s'isoler du monde extérieur. Mais il y a un avantage: la télé peut nous mettre en garde contre les dangers de la vie quotidienne.

a) Who thinks that TV is like a drug? ....

b) Who thinks that TV can damage young people's health? ....

c) Who thinks that TV destroys communication? ....

d) Who is concerned by the effects of advertising? ....

e) Who thinks that TV is a good way to unwind? ....

f) Who is against reality TV? ....

g) Who thinks that TV can cut people off from others? ....

h) Who enjoys watching important events live on TV? ....

Leisure and Free Time

Media Entertainment

1. Match the advertising slogans **A, B, C, D, E** and **F** with the products **1–6**.

1	Shampoo	**2**	Dairy products	**3**	Skin cream
4	Cereal	**5**	Toothpaste	**6**	Washing powder

A Nos vaches sont adorables. ☐

B Allez-y, gâtez vos dents! ☐

C Pour des cheveux lisses, utilisez Limoline. ☐

D Notre produit lave beaucoup plus blanc! ☐

E Mangez Crusitcroûte au petit déjeuner, c'est plein de vitamines. ☐

F Pour une peau douce comme une peau de bébé. ☐

2. This is a speaking task. Answer the following questions about the Internet and mobile phones. Say your answers out loud.

a) Est-ce que tu télécharges de la musique?

b) Quelle sorte de musique est-ce que tu préfères?

c) Combien d'heures par jour est-ce que tu passes devant l'ordinateur?

d) Avec qui est-ce que tu communiques en ligne?

e) Est-ce que tu achètes des produits en ligne? Lesquels?

f) Quels sont les dangers d'Internet?

g) Pourquoi est-ce que tu utilises ton portable?

h) Quels sont les avantages du portable?

i) Quels sont les inconvénients du portable?

Media Entertainment

3 Read the following article and then answer the questions that follow.

Les dangers d'Internet

On ne peut pas nier qu'Internet nous a apporté des avantages importants: la communication facile par e-mail, le shopping en ligne, des renseignements avec un seul clic de la souris. Mais attention! Danger!

Le courrier électronique a ses inconvénients. On reçoit des messages qui essaient de nous vendre des produits inutiles. Quand ces publicités visent les enfants, c'est inquiétant.

Les jeunes, surtout les adolescents, passent des heures sur Internet. A qui parlent-ils? Que voient-ils? Cela rend les parents anxieux parce que souvent ils ne savent pas. C'est grave parce que certains jeunes peuvent facilement tomber sur des gens très malhonnêtes.

Le shopping en ligne? C'est bien quand ça marche mais quand on vous vole le numéro de votre carte de crédit, c'est moins amusant. La fraude sur Internet augmente chaque mois.

Puis il y a des renseignements qu'on trouve sur le web. Beaucoup de ces renseignements sont complètement faux. Il faut vraiment se méfier!

Alors, servez-vous d'Internet mais avec précaution!

a) List two advantages of the Internet.

i) .... **ii)** ....

b) What is the disadvantage of email?

....

c) What are parents worried about?

....

d) What is the danger of on-line shopping?

....

e) What is said about information found on the Internet?

....

f) What is the final piece of advice given at the end of the article?

....

Revision Guide Reference: Pages 70–71

Widening Horizons

Holidays and Travelling

1. Match the descriptions of transport **A, B, C, D, E** and **F** with the images **1–6**.

1 **2** **3** **4** **5** **6**

A J'ai peur de prendre l'avion alors ma famille et moi partons en vacances en voiture.

B J'adore voyager en avion, c'est pratique et rapide.

C J'aime faire des excursions en autocar.

D Je vais en France cette année. J'espère que la mer sera calme. Je n'aime pas le bateau quand j'ai le mal de mer.

E Cette année, je vais faire du cyclisme en pleine campagne.

F Pour aller à Paris, le moyen de transport le plus rapide c'est l'Eurostar par le tunnel sous la Manche.

2. Match the statements **A, B, C, D, E, F, G** and **H** to the correct destinations **1–8**.

1 en France
2 en Ecosse
3 en Italie
4 en Espagne
5 au Pays de Galles
6 aux États-Unis
7 au Portugal
8 en Allemagne

A Je vais passer un week-end à Berlin.

B J'espère visiter la tour Eiffel et le Louvre.

C J'adore manger des pizzas et des pâtes. Je vais bien m'amuser à Rome.

D Je veux faire des promenades à la plage à Llandudno.

E Je vais faire du shopping chez Bloomingdales et visiter la statue de la Liberté.

F Je vais goûter du haggis pendant mon séjour à Édimbourg.

G J'ai envie de passer deux ou trois jours à Lisbonne.

H Je vais bronzer à la plage, manger de la paëlla et visiter Barcelone.

Holidays and Travelling

3 Read the accounts below and then choose three phrases from the options given to describe each person.

Danielle: En vacances, j'aime me relaxer. A la campagne, j'aime m'allonger sur une chaise au soleil et je ne fais absolument rien. S'il fait mauvais et je ne peux pas bronzer je fais les magasins dans la ville la plus proche et je finis toujours par acheter de nouveaux vêtements.

Thomas: Je déteste me reposer au bord de la mer en vacances. On peut faire ça à la maison. J'aime mieux essayer de nouveaux sports et des activités physiques. J'apprécie surtout les sports nautiques. Il faut profiter des vacances pour se remettre en forme.

Alice: Pour moi, la chose la plus importante est d'élargir ses connaissances. Si on va à l'étranger, c'est une occasion d'apprendre une nouvelle culture. On peut aussi pratiquer une langue étrangère. J'aime visiter des expositions dans les musées ou visiter des monuments ou des sites historiques.

Choose three phrases from the following list to describe each person.

Health conscious **Likes the countryside** **Lazy** **Likes shopping**
Likes watersports **Likes languages** **Likes foreign travel** **Likes the seaside**
Interested in educational aspects of holidays

a) Danielle

i) ....

ii) ....

iii) ....

b) Thomas

i) ....

ii) ....

iii) ....

c) Alice

i) ....

ii) ....

iii) ....

Widening Horizons

Holidays and Travelling

1. Read the passage in French below and then read the passage in English. There are 8 mistakes in the English passage, when compared to the French passage. Once you've found these 8 mistakes, underline them.

   Philippe: Il y a deux ans, je suis allé dans les Alpes pour faire du ski. Je suis parti en février et j'ai passé une semaine dans les Alpes françaises. J'ai voyagé en car. C'était long et fatigant. Je suis resté dans un petit hôtel. Dans la journée, j'ai fait du ski ou j'ai fait des promenades. Le soir, je suis allé dans un bar où j'ai bu du vin. Il a fait très froid et il a neigé beaucoup.

   Philippe went to the Alps three years ago. He went there for two weeks and travelled by car. He thought the journey was long and interesting. He stayed in a large hotel. During the day he skied and went shopping. In the evening he drank beer. The weather was very cold and it rained a lot.

2. This is a writing task. Write a brief account of what you did on holiday last year.

   Use the following information to help you.

   Je suis allé(e)...

   ____

   J'ai voyagé...

   ____

   Je suis resté(e)...

   ____

   J'ai visité...

   ____

   J'ai aussi...

   ____

   J'ai acheté...

   ____

   J'ai mangé...

   ____

   J'ai bu...

   ____

Holidays and Travelling

3 Read the following accounts and then answer the questions that follow.

Paul parle de ses vacances: L'année dernière, je suis allé en Espagne. Je suis parti le neuf août et je suis rentré deux semaines plus tard. J'ai voyagé en avion. Pendant le vol, j'ai écouté de la musique et j'ai lu un magazine. Je suis resté dans un grand appartement au bord de la mer. J'ai nagé dans la piscine, j'ai visité des monuments et j'ai joué au volleyball à la plage. Le soir, j'ai mangé dans un restaurant espagnol. J'ai dansé en boîte. Il a fait très chaud.

Mélissa parle de ses vacances: L'année prochaine, j'ai l'intention de visiter l'Espagne pour la première fois parce que je veux perfectionner mon espagnol. Je vais partir avec ma copine, Mélanie. On va faire des promenades dans les montagnes et on veut visiter des expositions dans les musées célèbres comme le Prado à Madrid. Ce sera fantastique parce je suis passionnée de dessin et de peinture. On part en automne parce qu'il fait moins chaud.

Isabelle parle de ses vacances: Il y a deux ans, je suis allée dans les Pyrénées pour faire du ski. Je suis partie en janvier et j'ai passé huit jours dans les Pyrénées françaises. J'ai voyagé en car. C'était ennuyeux et fatigant. Je suis restée dans un petit hôtel. Dans la journée, j'ai fait du ski ou je me suis reposée. Le soir, je suis allée en boîte où j'ai dansé avec mes amies. Il a fait très beau.

a) Who went to France? ....

b) Who stayed in a hotel? ....

c) Who travelled by coach? ....

d) Who is going to Spain? ....

e) Who has already been to Spain? ....

f) Who had a two-week holiday? ....

g) Who went swimming? ....

h) Who went on holiday in winter? ....

i) Who went on holiday in summer? ....

j) Who did not enjoy the journey? ....

k) Who wants to practise the language? ....

l) Who wants to visit some exhibitions? ....

Widening Horizons

Holidays and Accommodation

1 For each of the descriptions **A, B, C, D, E** and **F**, choose a suitable room **1–6.** Put the appropriate number in the boxes provided.

1 Une chambre à un lit avec douche pour cinq nuits
2 Une chambre de famille avec salle de bains pour dix nuits
3 Une chambre à deux lits avec douche pour cinq nuits
4 Une chambre avec grand lit et salle de bains pour deux semaines
5 Une chambre de luxe avec salon et balcon avec une vue sur la mer pour deux nuits
6 Une chambre simple pour une personne (pas de douche, pas de salle de bains) pour une nuit seulement

A Alexa n'a pas beaucoup d'argent, elle veut passer la nuit dans un hôtel qui n'est pas trop cher. ☐

B Une grande vedette de cinéma veut faire un court séjour près de la plage. ☐

C Monsieur et Madame Georges et leurs deux enfants cherchent une grande chambre pour leurs vacances d'été. ☐

D Nicolas et Judith veulent passer leur lune de miel dans une belle chambre pour une quinzaine de jours. ☐

E Deux amies vont partager une chambre et passer cinq nuits dans la région. ☐

F Paul est étudiant. Il passe cinq nuits dans la région. ☐

2 Match the problems **A, B, C, D, E, F, G** and **H** with the suitable place to find help **1–8**. Put the appropriate number in the boxes provided.

1 La pharmacie
2 Le bureau des objets trouvés
3 Le commissariat de police
4 L'hôpital
5 La station-service
6 La réception
7 L'office de tourisme
8 Chez l'opticien

A Vous vous êtes cassé le bras. ☐

B Vous êtes à l'hôtel et votre douche ne marche pas. ☐

C Vos lunettes sont cassées. ☐

D Vous avez mal à la tête. ☐

E Vous êtes perdu. Vous voulez un plan de la ville. ☐

F Vous tombez en panne d'essence. ☐

G Vous avez perdu votre parapluie. ☐

H On vous a volé 250 euros. ☐

Holidays and Accommodation

3 Read the following passage, in which Laura is talking about the advantages and disadvantages of different types of accommodation. Say whether she has a **positive** attitude, a **negative** attitude or a **mixed** attitude to each type of accommodation listed below.

Je n'aime pas rester dans des hôtels parce qu'on n'a pas de liberté. Il ne faut pas faire trop de bruit, il faut manger à des heures précises, etc. J'aime mieux rester dans un appartement parce qu'on peut manger quand on veut et il y a beaucoup plus de place.

Le camping n'est pas cher et on a beaucoup de liberté mais quand il pleut c'est beaucoup moins agréable et je n'aime pas faire la queue pour prendre une douche.

De temps en temps, je passe des vacances chez mes grands-parents qui habitent en Normandie mais c'est très ennuyeux.

L'année dernière, on a passe nos vacances sur le Canal du Midi sur un bateau. Je me sentais enfermée et je ne pouvais pas dormir, alors je ne choisirais plus ce genre de vacances.

Mes parents veulent louer un gîte à la campagne cette année. C'est confortable et joli mais à mon avis c'est trop loin des magasins et c'est trop tranquille. Il n'y a rien à faire.

Moi, j'ai envie de loger dans une grande villa avec une vue magnifique sur la mer. Il y aura une belle piscine et un jardin avec des plantes exotiques.

Mes vacances idéales? Je rêve de visiter la Lune. Je passerai mes vacances dans la navette spatiale et je verrai la Terre de l'espace.

a) Hotel ....

b) Apartment ....

c) Campsite ....

d) Grandparents' house ....

e) Canal boat ....

f) Country cottage ....

g) Villa ....

h) Space shuttle ....

Widening Horizons

Weather

1 Match the weather descriptions **A, B, C, D, E, F** and **G** with the symbols **1–7**.

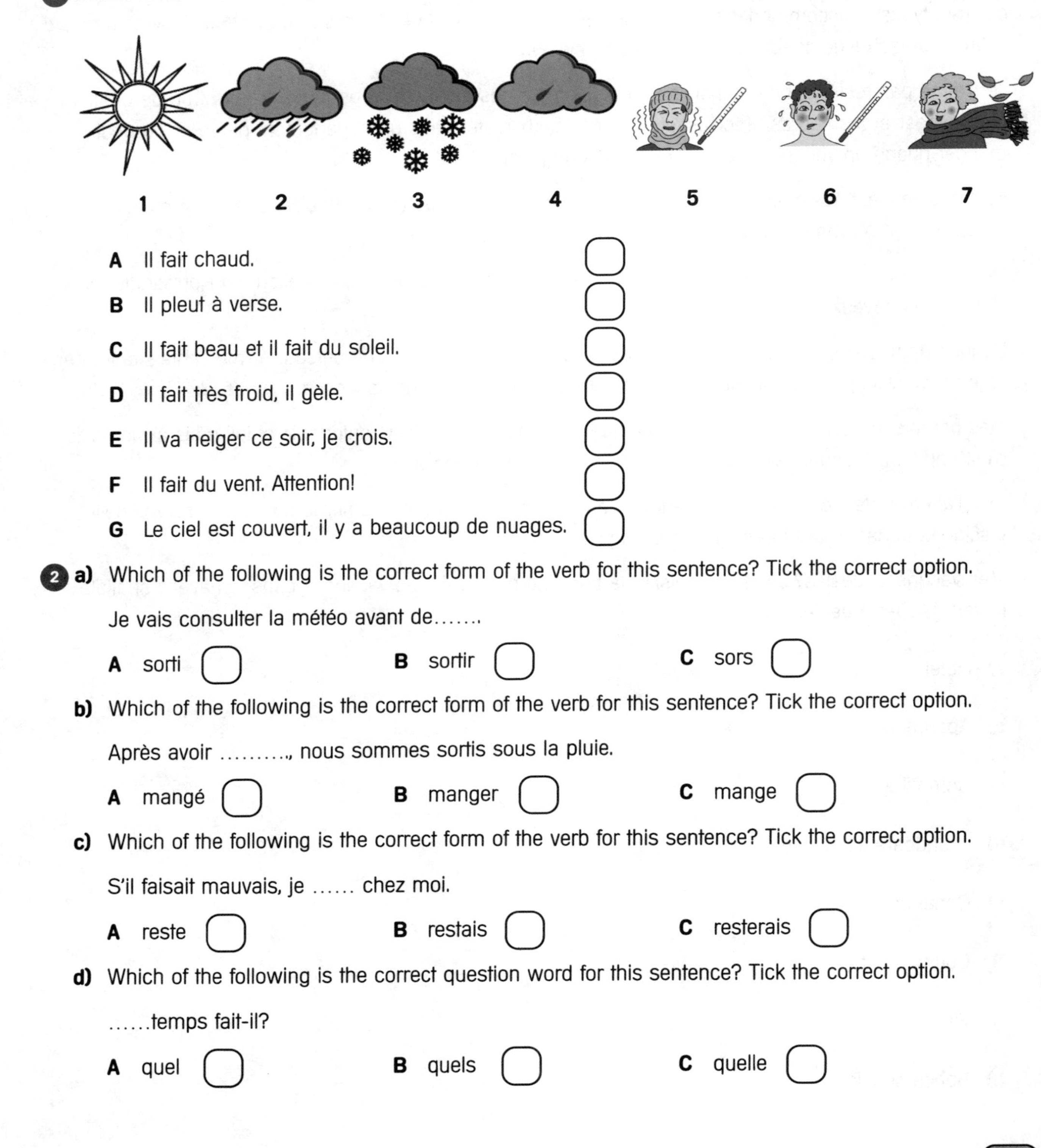

A Il fait chaud. ☐

B Il pleut à verse. ☐

C Il fait beau et il fait du soleil. ☐

D Il fait très froid, il gèle. ☐

E Il va neiger ce soir, je crois. ☐

F Il fait du vent. Attention! ☐

G Le ciel est couvert, il y a beaucoup de nuages. ☐

2 **a)** Which of the following is the correct form of the verb for this sentence? Tick the correct option.

Je vais consulter la météo avant de.......

A sorti ☐ **B** sortir ☐ **C** sors ☐

b) Which of the following is the correct form of the verb for this sentence? Tick the correct option.

Après avoir ...., nous sommes sortis sous la pluie.

A mangé ☐ **B** manger ☐ **C** mange ☐

c) Which of the following is the correct form of the verb for this sentence? Tick the correct option.

S'il faisait mauvais, je ...... chez moi.

A reste ☐ **B** restais ☐ **C** resterais ☐

d) Which of the following is the correct question word for this sentence? Tick the correct option.

......temps fait-il?

A quel ☐ **B** quels ☐ **C** quelle ☐

Weather

3 Read the weather forecast below and then answer the questions that follow.

Demain, il fera assez mauvais dans le nord de la France. Le matin, il y aura des averses fréquentes et le ciel sera couvert toute la journée. Il fera assez froid avec une température maximale de seulement 9 degrés.

Dans le centre de la France, il fera beaucoup plus beau. Il y aura de belles éclaircies en fin de matinée et la température sera en hausse.

Dans le sud de la France, attention! Il fera chaud mais cette chaleur va apporter des orages violents en début d'après-midi. Il y aura beaucoup de pluie et il y a un risque d'inondations sur la côte.

Dans l'ouest, il fera du brouillard le matin et il va faire beaucoup plus froid qu'hier. Attention sur les routes puisqu'il y aura du verglas un peu partout dans la région.

Enfin la partie est du pays va subir des intempéries. Le ciel restera couvert la plus grande partie de la journée et il fera froid en fin de journée.

a) i) Which region of France do you think will have the best weather tomorrow?

....

ii) Why?

....

b) i) Where will there be fog?

....

ii) What other danger will there be in this region?

....

c) Summarise the forecast for the northern part of the country. Give three details.

i) ....

ii) ....

iii) ....

d) Would you like to be in eastern France tomorrow? Give two reasons for your answer.

i) ....

ii) ....

Widening Horizons

The Environment

AQA • OCR

1 Say whether each of the following opinions is **positive** or **negative**.

a) Il y a beaucoup de jardins publics avec des fleurs et des arbres. ....

b) L'air est propre. ....

c) Ma ville est industrielle. L'air est pollué. ....

d) Il y a trop d'usines et de circulation. ....

e) Ma ville est calme et tranquille. ....

f) Ma ville est bruyante et trop sale. ....

g) Ma ville est jolie et fleurie. ....

h) Des gens laissent tomber des papiers par terre. ....

i) La rivière est polluée. ....

2 Match the descriptions **A, B, C, D, E** and **F** with the statements **1–6.**

1 Saving electricity

2 Saving water

3 Recycling paper

4 Too much packaging

5 Avoiding using central heating

6 Recycling glass

A Quand il fait froid en hiver, je mets un pullover au lieu d'utiliser le chauffage central. ☐

B J'éteins toujours la lumière quand je quitte une pièce. ☐

C Aujourd'hui, en France, seule une bouteille sur trois est recyclée. C'est une honte. ☐

D Je recycle les journaux. Cela permet de sauver des forêts. ☐

E Je ferme le robinet quand je me brosse les dents et je me douche au lieu de prendre un bain. ☐

F J'achète toujours des biscuits emballés dans du carton, plutôt que dans du plastique. ☐

The Environment

AQA • OCR

3 This is a writing task. Write a brief description of your town. Include the following information:

- The type of town it is (e.g. industrial, historic).
- The facilities available in your town and what you can do there.
- What could be done to improve the town.

Global Issues

AQA • OCR

1. Match each of the slogans **A, B, C, D, E** and **F** with the issue it relates to **1–6**.

1	Protecting wildlife	**2**	Encouraging the use of public transport
3	Recycling glass	**4**	Recycling paper
5	Saving electricity	**6**	Saving water

A Brossez-vous les dents, le robinet fermé! ☐

B Sauvons les arbres! ☐

C Laissez la voiture au garage! ☐

D Sauvons le panda! ☐

E Les bouteilles vides au centre de recyclage! ☐

F Vous ne regardez pas la télé? Fermez le poste! ☐

2. Choose the correct words from the options provided to complete the following sentences.

en train de	**par**	**protéger**	**sur le point de**	**pour**	**gaspiller**
pourrait	**supprimer**	**combattre**	**disparaître**	**innocents**	**guerre**

a) Je me sens concerné(e) .... le terrorisme et la ....

b) Certaines espèces sont .... disparaître.

c) Il faut .... les baleines.

d) Le panda est en danger de ....

e) Des gens .... sont tués.

f) On .... supprimer les dettes.

☐

Global Issues

AQA • OCR

3 Read the accounts below about what young people think about the environment and then answer the questions that follow.

Fatima: La baleine est en danger de disparaître à cause de la chasse. On devrait interdire cette pratique barbare. Je suis aussi anxieuse parce la mer devient très polluée et la pollution de l'eau tue les poissons. Il faut absolument protéger les espèces menacées.

Alison: Il faudrait protéger la planète. On devrait utiliser les transports en commun pour encourager les gens à laisser leurs voitures au garage. On devrait développer les transports publics et interdire les voitures au centre-ville. On ne devrait pas construire de nouvelles routes ou bien il faut obliger les conducteurs à payer pour utiliser les autoroutes ou pour entrer au centre-ville aux heures de pointe. Comme ça on aurait assez d'argent pour améliorer les transports en commun.

David: On pourrait développer des énergies renouvelables comme l'énergie solaire ou éolienne. Mais je crois qu'il faut fermer les centrales nucléaires parce que c'est trop dangereux. Je ne voudrais pas habiter près d'une centrale nucléaire. J'aurais peur de tomber malade.

a) Who would like to see alternative forms of energy used? ....

b) Who is concerned by threatened species? ....

c) Who is interested in transport issues? ....

d) Who is worried by water pollution? ....

e) Who is concerned by the health risks of certain forms of energy? ....

f) Who thinks there should be a ban on building new roads? ....

g) Who is in favour of banning hunting? ....

h) Who suggests a way of raising money to protect the environment? ....

Widening Horizons

Life in Other Countries

OCR

1 Match the descriptions **A, B, C, D, E, F, G** and **H** to the images **1–8**. Put the appropriate number in the boxes provided.

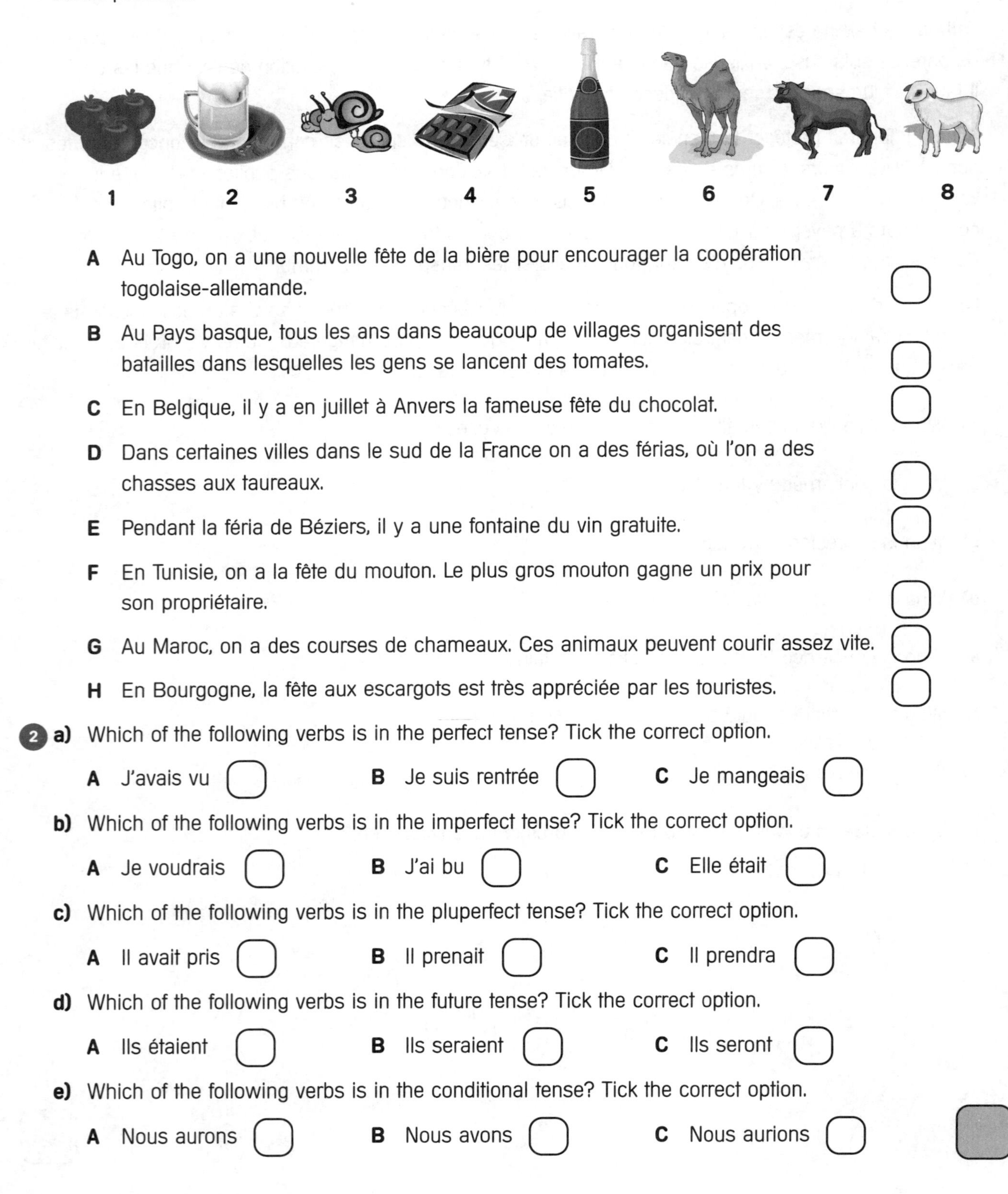

A Au Togo, on a une nouvelle fête de la bière pour encourager la coopération togolaise-allemande. ☐

B Au Pays basque, tous les ans dans beaucoup de villages organisent des batailles dans lesquelles les gens se lancent des tomates. ☐

C En Belgique, il y a en juillet à Anvers la fameuse fête du chocolat. ☐

D Dans certaines villes dans le sud de la France on a des férias, où l'on a des chasses aux taureaux. ☐

E Pendant la féria de Béziers, il y a une fontaine du vin gratuite. ☐

F En Tunisie, on a la fête du mouton. Le plus gros mouton gagne un prix pour son propriétaire. ☐

G Au Maroc, on a des courses de chameaux. Ces animaux peuvent courir assez vite. ☐

H En Bourgogne, la fête aux escargots est très appréciée par les touristes. ☐

2 **a)** Which of the following verbs is in the perfect tense? Tick the correct option.

A J'avais vu ☐ **B** Je suis rentrée ☐ **C** Je mangeais ☐

b) Which of the following verbs is in the imperfect tense? Tick the correct option.

A Je voudrais ☐ **B** J'ai bu ☐ **C** Elle était ☐

c) Which of the following verbs is in the pluperfect tense? Tick the correct option.

A Il avait pris ☐ **B** Il prenait ☐ **C** Il prendra ☐

d) Which of the following verbs is in the future tense? Tick the correct option.

A Ils étaient ☐ **B** Ils seraient ☐ **C** Ils seront ☐

e) Which of the following verbs is in the conditional tense? Tick the correct option.

A Nous aurons ☐ **B** Nous avons ☐ **C** Nous aurions ☐

Life in Other Countries

OCR

3 Read each of the following passages **A, B, C, D** and **E**. Then match each one to a title **1–5.** Put the appropriate number in the boxes provided.

1 Une fête pour ceux qui aiment la nourriture
2 Une fête artisanale
3 Une fête pour les jeunes
4 Une fête africaine d'initiation
5 Une fête qui a lieu le week-end en Afrique.

A Fêtes de quartier de Soisante au Québec: nombreuses animations pour enfants, initiation et démonstration pour les adolescents de nombreuses associations sportives, repas champêtre le soir avec orchestre et disco pour les moins de 16 ans. ☐

B Fête gourmande de Bruxelles: foies gras, confits, entrées froides, gibiers, plats cuisinés. Un savoir-faire traditionnel au service de la qualité. Robert Duperier propose toutes les saveurs. ☐

C Fêtes de Lomé 2008! Pour débuter les Fêtes, le vendredi 29 septembre à 20h, course de vélomoteurs ouverte à tous, suivi d'un repas togolais champêtre en musique africaine. Les Fêtes continuent samedi 30 et dimanche 31! Venez nombreux! Merci. ☐

D La fête annuelle de Genève en Suisse est caractérisée par le tissage, la céramique, la poterie, la vannerie, la sculpture, la pyrogravure, le batik. Les artisans utilisent des matériaux locaux simples tels que bois, fibre, argile, peau, etc. pour produire des objets d'art authentiques et de grande valeur. ☐

E Au Niger, on initie le 'Kondi' c'est-à-dire le jeune garçon. Aux environs de 15 ans, les jeunes se retirent dans la brousse pendant un mois où ils passent le temps nécessaire pour apprendre à danser, à chanter, à conter, à recevoir des informations sur la santé. ☐

☐

Exam-style Questions

About the Exam-style Questions

The questions on the following pages are exam-style questions, i.e. they are the type of questions that might appear in the Reading Paper part of your exam.

The layouts and question wordings will vary, depending on which exam board specification you are studying.

- Questions 1–4 are foundation tier questions (pages 79–80).
- Questions 5–8 are 'crossover' questions, i.e. questions of this type and level may appear on the foundation or higher tier papers (pages 81–84).
- Questions 9–12 are higher tier questions (pages 85–88).

Even if you are working to foundation tier, it is worth having a go at the higher tier questions – see how many you can answer.

The questions on the following pages are all reading questions. They are worth a total of 50 marks, so you should spend about 50 minutes working through them. In your actual exam, the number of marks available will vary according to which exam board specification you are studying.

Remember to look at the marks available for every question. This tells you how many points you have to make in your answer or how much you need to write.

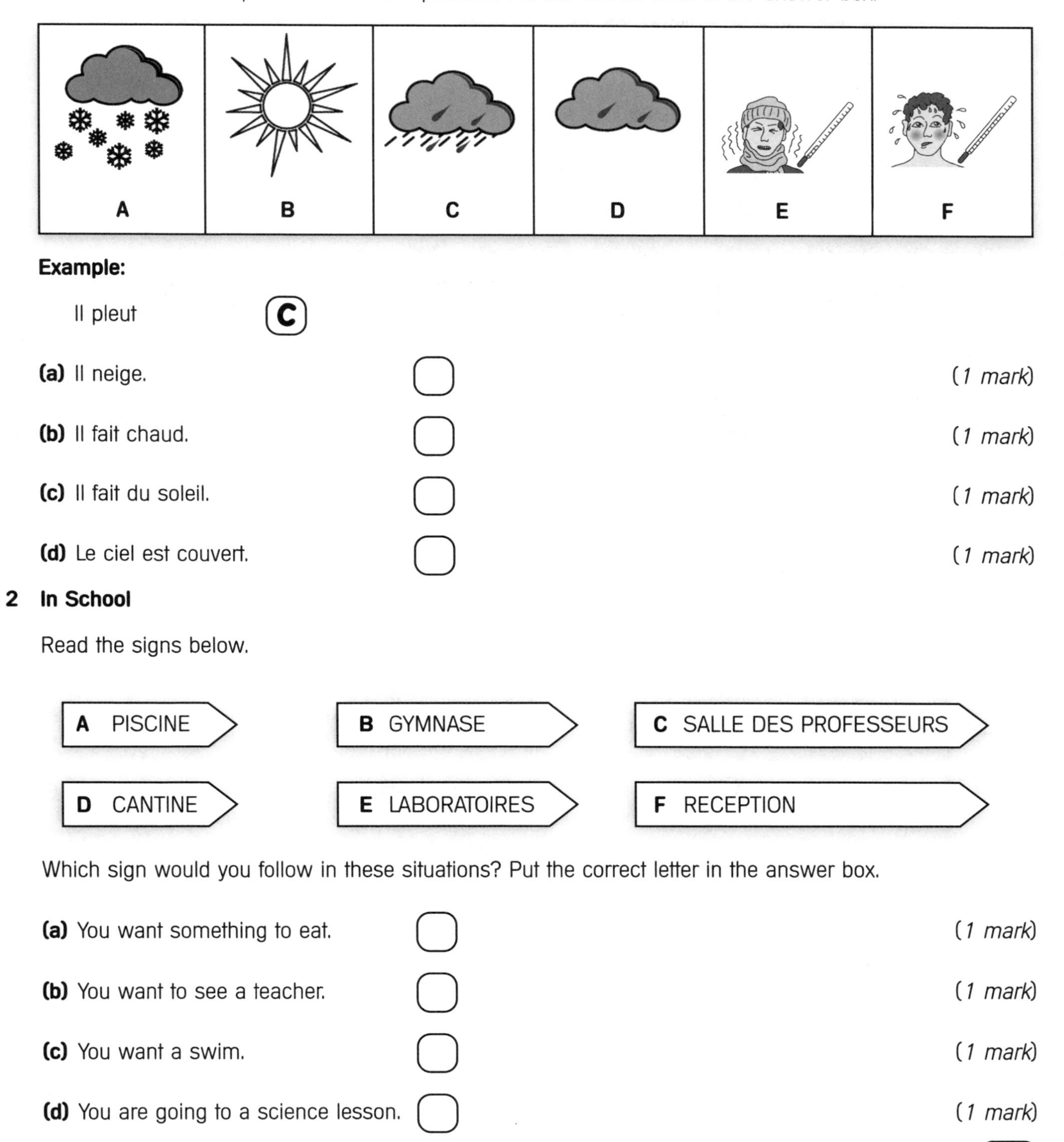

1 The Weather

Match the weather expressions with the pictures. Put the correct letter in the answer box.

A	B	C	D	E	F

Example:

Il pleut **C**

(a) Il neige. ☐ *(1 mark)*

(b) Il fait chaud. ☐ *(1 mark)*

(c) Il fait du soleil. ☐ *(1 mark)*

(d) Le ciel est couvert. ☐ *(1 mark)*

2 In School

Read the signs below.

A PISCINE

B GYMNASE

C SALLE DES PROFESSEURS

D CANTINE

E LABORATOIRES

F RECEPTION

Which sign would you follow in these situations? Put the correct letter in the answer box.

(a) You want something to eat. ☐ *(1 mark)*

(b) You want to see a teacher. ☐ *(1 mark)*

(c) You want a swim. ☐ *(1 mark)*

(d) You are going to a science lesson. ☐ *(1 mark)*

Exam-style Questions

3 Cinema

Read the film listings below.

A *La Nuit des Vampires* – film d'horreur

B *Mon Coeur est à Toi* – film d'amour

C *L'assassinat Noir* – film policier

D *Les Sous-doués en Vacances* – film comique

E *Louis XIV* – film historique

Choose the correct film for these people and put a cross X in the correct box.

		A	B	C	D	E
(a)	Franck enjoys romance.					
(b)	Carole likes a good laugh.					
(c)	Salma likes scary films.					

(1 mark)
(1 mark)
(1 mark)

4 The Environment

Read the list of words below.

A oiseaux **B** papier **C** verre **D** douche **E** vélo **F** fruits

In each of the sentences below, choose a word from the list above to fill the gap.

Example: Prenez une  pas un bain.

(a) Recyclez le ☐. Les journaux et les magazines ne sont pas pour la poubelle. *(1 mark)*

(b) Donnez à manger aux ☐ dans le jardin. Ils chantent et ils sont jolis. *(1 mark)*

(c) Cultivez des ☐. Les fraises, les pommes, les poires sont bonnes pour la santé. *(1 mark)*

(d) Allez à l'école à ☐. Laissez la voiture au garage. *(1 mark)*

5 Social Issues

Read the headlines below.

A	SOS Racisme: les grandes entreprises doivent embaucher plus d'étudiants d'origine africaine.
B	Dis non aux dealers. Les drogues vous rendent dépendants.
C	Non à la violence dans les stades!
D	Vous avez trop bu? Les taxis sont moins chers qu'un permis de conduire perdu.
E	Le tabagisme passif est dangereux pour les autres. Fumez dehors.

Choose the correct headline for the campaigns and put a cross X in the correct box.

		A	B	C	D	E	
(a)	A campaign against violence in sport.						*(1 mark)*
(b)	An anti-racial discrimination campaign						*(1 mark)*
(c)	A 'don't drink and drive' campaign.						*(1 mark)*
(d)	An anti-smoking campaign.						*(1 mark)*

6 Holidays

Read the list of holiday activities below.

A sport

B soleil

C mer

D souvenirs

E histoire

Choose the correct holiday activity for the people below. Put the correct letter in the answer box.

Example:

J'adore bronzer à la plage parce que j'aime le… **B**

(a) Je visite des monuments parce que j'aime l'… ☐ *(1 mark)*

(b) Je fais du shopping pour acheter des… ☐ *(1 mark)*

(c) Je suis active, j'aime faire du… ☐ *(1 mark)*

7 Personal Information

Read the descriptions of people below.

A Elle est amusante et drôle. Elle est travailleuse et elle a de très bonnes notes à l'école.

B Elle joue de la guitare et elle chante dans une chorale. Son chanteur favori est Michel Sardou.

C Elle aime voyager pour goûter la cuisine étrangère. Elle aime surtout les fruits de mer et les desserts.

D Elle va au gymnase deux fois par semaine, elle fait souvent de la natation, elle joue au handball et elle aime la planche à voile et le ski.

E Elle est sérieuse et elle ne rit pas beaucoup. Elle est assez gentille mais elle semble un peu sévère.

Choose the correct description for the people below. Put the correct letter in the answer box.

(a) Christophe's sister is very sporty. ☐ *(1 mark)*

(b) His mother is very musical. ☐ *(1 mark)*

(c) His grandmother likes fine food. ☐ *(1 mark)*

Exam-style Questions

8 Life in Other Countries

Hamidou has written a passage about his life in Niger, Africa.

> Je m'appelle Hamidou. J'habite au Niger en Afrique. Je vais à l'école tous les jours sauf le mercredi et le dimanche. J'habite assez loin de l'école. Je dois y aller à pied et le trajet dure une heure.
>
> A la maison, j'aide mes parents avec le travail domestique. Je fais la vaisselle et je range ma chambre. Je partage une chambre avec mon petit frère. Il est casse-pieds et je ne m'entends pas bien avec lui. Ma soeur est intelligente et sympa. Elle est plus âgée que moi.
>
> Le week-end, j'aime la lecture et, de temps en temps, je vais à la pêche avec mon père. Je voudrais avoir un chien, mais mes parents ne sont pas d'accord. Quel dommage!

Which four of the sentences below are correct? Put a tick in the four correct boxes.

A Hamidou lives in France. ☐

B He goes to school every day, except Saturday. ☐

C He has to walk to school. ☐

D He does the washing-up at home. ☐

E He has his own bedroom. ☐

F He gets on well with his brother. ☐

G His sister is older than him. ☐

H He enjoys reading. ☐

I He has a pet dog. ☐

(4 marks)

9 The Internet

Read what these young people say about the Internet.

Sarah, 15 ans	**Assiom, 16 ans**	**Morgane, 14 ans**
J'adore surfer sur Internet parce que je peux envoyer des messages à toutes mes amies et j'adore le chat. Je fais souvent mes devoirs devant l'ordinateur parce que c'est amusant de lire des messages en même temps. J'achète pas mal de choses en ligne surtout des livres et des DVD mais aussi des fois des vêtements.	Internet rime avec danger pour moi. Il y a beaucoup de gens malhonnêtes qui veulent exploiter les enfants et les jeunes. La fraude est de plus en plus commune. Beaucoup des renseignements qu'on trouve sur Internet sont faux. Il faut faire très attention.	Pour moi, c'est comme la télé. C'est bien en modération mais si on passe trop de temps devant un écran d'ordinateur, c'est dangereux pour la santé. Les jeunes deviennent trop passifs – ils ne font pas assez de sport, ils ne sortent pas assez. J'aime mieux vivre dans le monde réel plutôt que dans un monde virtuel et artificiel.

Which person said the sentences below? Put a cross X in the correct box.

		Sarah	Assiom	Morgane	
(a)	Who thinks a lot of information on the Internet is false?				*(1 mark)*
(b)	Who does online shopping?				*(1 mark)*
(c)	Who is concerned about the health effects of the Internet?				*(1 mark)*
(d)	Who is worried about identity fraud?				*(1 mark)*
(e)	Who prefers face-to-face contact with her friends?				*(1 mark)*
(f)	Who works and sends messages at the same time?				*(1 mark)*

10 Relationships

Lucie has written a passage about her relationships.

Lucie, 17 ans:

Je vis à Soissons et je suis étudiante au lycée technique. Comme beaucoup d'adolescents, je ne partage pas toujours les opinions de mes parents. Malheureusement, on se dispute souvent. Ils me disent des choses comme "Tu ne vas pas sortir comme ça, cette jupe qui est beaucoup trop courte!" ou "Tu passes trop de temps à bavarder avec tes copines. Tu as vu la note de téléphone?" ou encore "On veut voir tes cahiers. C'est évident que tu ne travailles pas assez." A l'avenir je veux quitter la maison le plus vite possible. J'espère aller à l'université et je rêve d'une profession bien payée.

Which seven of the sentences below are correct? Put a tick in the seven correct boxes.

A Lucie a quitté l'école. ☐

B Elle n'est pas toujours d'accord avec ses parents. ☐

C Ses parents n'aiment pas ses vêtements. ☐

D Ses parents ont beaucoup d'amis. ☐

E Les parents de Lucie l'encouragent à appeler ses copines. ☐

F Ils pensent qu'elle ne fait pas assez d'efforts avec son travail scolaire. ☐

G Lucie veut devenir médecin. ☐

H Lucie veut aller à l'université. ☐

I Ses parents pensent que Lucie passent trop de temps à parler avec ses amies. ☐

J A l'avenir, Lucie voudrait un travail bien payé. ☐

K Lucie se dispute souvent avec ses parents. ☐ *(7 marks)*

11 Environment

Read the passage below about traffic.

La circulation dans les grandes villes en France a beaucoup augmenté. En France, en 1992, il y avait 21 millions de voitures mais maintenant il y en a plus de 32 millions.

Le gouvernement français a pris certaines mesures pour combattre ce problème. On a encouragé le covoiturage et les gens partagent les voitures pour aller au travail. Dans les grandes villes comme Paris, quand le taux de pollution devient trop élevé, les transports en commun sont gratuits et le nombre de voitures est limité. Beaucoup de villes comme Nancy et Strasbourg ont construit de nouveaux tramways pour lutter contre la pollution.

Answer these questions in English.

(a) What has happened since 1992 in France?

.... *(1 mark)*

(b) What is "covoiturage"?

.... *(1 mark)*

(c) What happens in Paris when the pollution level becomes too high? Give two details.

(i) ....

(ii) .... *(2 marks)*

Exam-style Questions

12 Social Issues

Read the passage below.

> Le propriétaire d'un camping de Charente-Maritime, près de l'océan Atlantique, est poursuivi en justice. L'année dernière, ce camping devait accueillir un groupe de jeunes âgés de 14 à 18 ans, accompagné de 2 professeurs. Mais avant qu'ils arrivent, le propriétaire du terrain avait écrit aux organisateurs du séjour. Il leur avait dit qu'il ne voulait pas de "groupe composé de plus de 50% d'enfants nord-africains", selon lui afin de maintenir une bonne ambiance dans son camping et d'éviter les risques de violence.
>
> Bien sûr, cette façon de traiter les gens selon leur origine est considérée comme un acte de racisme. Ce directeur de camping devrait bientôt être jugé par un tribunal.

Answer the following questions by putting a cross X next to the correct answer.

(a) For what reason is the campsite owner being prosecuted?

- **(i)** He didn't want a group of more than 50% children staying there. ☐
- **(ii)** He didn't want a group of more than 50% North-African children staying there. ☐
- **(iii)** He didn't want a group of teachers and students staying there. ☐ *(1 mark)*

(b) What two reasons did the campsite owner give for his decision?

- **(i)** To maintain a good atmosphere. ☐
- **(ii)** To prevent racial tension. ☐
- **(iii)** To prevent the risk of violence. ☐
- **(iv)** To maintain a family atmosphere. ☐ *(2 marks)*

(c) What will happen to the campsite owner?

- **(i)** He will be sent to prison. ☐
- **(ii)** He will have to go to court. ☐
- **(iii)** He will have to pay a fine. ☐ *(1 mark)*